内田祥哉
窓と建築ゼミナール

内田祥哉：著

門脇耕三／藤原徹平／戸田穣／
YKK AP窓研究所：編

鹿島出版会

窓研究所は、
窓文化創造を目指し、窓の知見の
収集・蓄積を目的とした幅広い視点での
研究活動を行っています。

本書は、窓研究所主催の連続講義
「内田祥哉・窓ゼミナール」
（2015年6月－2016年9月）をもとに
刊行されました。

窓研究所は、2013年に
YKK AP 株式会社内に設置し、
2018年7月からは一般財団法人と
なりました。
https://madoken.jp/

はじめに

そもそもの発端は、東京大学での内田祥哉先生による「建築構法」の講義が、ある年は屋根、ある年は壁といった具合に、毎年違った部位の構法を解説するものだったという伝説を聞いたことだった。建物の部分にも構法の基本はすべて含まれているし、毎年違った話をすれば講義をする側も勉強になる。そういう理屈でのことらしいが、事実だとしたら本当の超人である。しかし東京大学で現在教えている清家剛さんは、学生のころに開口部だけの講義を聴いたというから、どうも確かなことらしい。ぜひとも受けてみたい講義だと思った。

　YKK APの窓研究所が応援してくれることになり、窓を題材にその講義を再現してくださいませんかと内田先生にお願いにあがったのが2015年4月。東京大学で講義をしていたのは30年も前だから、再現というのは難しいけれど、窓を基調とした建築の話ならばしてもいいですよと言っていただいた。

　内田先生は、構法計画という学問を創始した学者として広く知られている。しかし内田先生は、学者である前に建築家である。建築学創成のころ、建築学者は誰しもが建築家であって、建築家という概念は建築学者を包摂していたが、内田先生は古き良き学問の全体性を体現する方であるし、建築家としての実績も超一級。その内田先生の講義ならば、若い友人たちと分野の隔たりなく内田先生を囲み、一緒に建築の議論をしてみたい。そのように考えてメンバーを募ったから、この集まりは講義というよりも、ゼミナールと呼ぶべきものになった。

　学者の話は正しく理解されることが必要だけど、建築家の話は必ずしもそうではなく、むしろ大いに誤解されて次世代の創造につながる。だから7回に渡ったゼミナールの最後の回では、参加者それぞれが内田理論を積極的に誤読して創造的に組み立て直し、それを全員で議論することにした。半世紀も年下の若輩者による、ともすると失礼な議論に真剣に付き合ってくださるのだから、内田先生の人間の大きさは恐るべきものがある。

　いずれにしても、この本はそのようにしてできあがったものだから、ここから読者と内田先生の対話が新しく始まるのであれば、これほど嬉しいことはない。

門脇耕三

目次

はじめに　　　　　　　　　　　　　　　　　　門脇耕三　003

第1講　総論　窓の成り立ち　　　　　　　　　　　　　009

「マド」の成り立ち／ガラスの導入／クリスタル・パレスのガラス／ガラスの普及とサッシの導入／引き抜き式スティールサッシはふたたび可能か／スティールサッシバーとガラスの納まり／戦前のサッシ、アルミサッシ／日本の窓、襖、障子／丸太のひかりつけ──三重大学《レーモンドホール》／戦後のガラス事情／戦後の日本のサッシ／ガラスブロック／カーテンウォール／カーテンウォールとプレハブ／カーテンウォールの素材／コンクリートのカーテンウォール

第2講　カーテンウォールの出現と定着　　　　　　　035

鉄骨工事の合理化としての床のプレハブ化／壁の軽量化からカーテンウォールへ／材料の競演から構造の表現へ／日本発の新カーテンウォール──アルキャスト・カーテンウォール／ガスケット・カーテンウォールの出現／オープンジョイント／平滑カーテンウォール／討議　今後のカーテンウォールはどうなっていくか／普段着としてのカーテンウォール／カーテンウォールの価格と流通／ヨーロッパと日本のカーテンウォール事情／ハンドメイドの可能性／ストリートをつくる／設計の三次元化とシミュレーション／様式としてのカーテンウォール

論考　内田祥哉論・エレメントへの注視は
新しい建築の全体を要求する　　　　　　　　　藤原徹平　057

第3講　和構法に至る　061

多様な日本の木造建築／書院、数寄屋、町家／町家のフレキシビリティ／柱も動かした増改築の事例／増改築は畳モデュールの上で／目安としてのモデュール／和風建築はすべて増改築が自由か？／トラスより和小屋／和小屋のルーツ／増改築の古典——桂離宮／現代の和小屋1——バルセロナ・パビリオン、クラウン・ホール／現代の和小屋2——ポーラ五反田ビル、水平格子梁プロジェクト／現代の和小屋3——熊本駅西口駅前広場／現代の和小屋4——日土小学校増築／現代の和小屋5——鹿島技術研究所本館／《NEXT21》の外壁移動実験／討議　構造の決め方を決める／設計図のフレキシビリティ／構造を決めることは構造の決め方を決めていくこと／和構法とは何か／和構法の今後と課題

第4講　戦後木造建築　089

鉄筋コンクリート造の発達／都市不燃化と木造禁止／木材資源の枯渇と復活／「木造建築研究フォラム」の発足／和風継手／大型木造社寺建築の衰退と復権／木造社寺建築新築への社会の要請／金閣寺再建始末記／工学的裏付けを持った社寺新築に至る経緯／戸建てプレハブ住宅／プレハブ化による部品の大型化／一品生産のプレハブを生んだ社会常識／プレハブの未来／討議　プレハブ住宅ストックの改修／団地のリノベーション／改修に関わる制度の問題／未来の木造

論考　内田祥哉の野性と感性　その複数の水脈　　　　戸田穣　113

第5講　構法と造形——1　117

西に15°傾けて北側に緑／南側には庇、庇の上には部屋／庇と縁の効果／和倉のプレハブ化PSPC／2種類の型枠で寄棟屋根／1つの型枠での屋根の造形／等面積の三角形で鉄骨シェル／有孔耐力壁のあるラーメンフレーム／もっぱら均等ラーメンに頼る／ポストテンションで各階無柱／最上階無柱空間、構造体は動物の骨の如く／地下の無柱空間、教室は小屋組から吊る／格子梁とランダム柱／討議　構法が先か、造形が先か／コンクリートの不確かさ／有機的な造形と有機的なつくられ方／近代技術の突端を見きわめる

第6講　構法と造形――2　145

壁持ち出し階段／RC部品でささら子階段／フィーレンディールの手摺側桁／三角面の屋根仕上げ／PSPC版の耐久力／手摺とかたち／透明下見／オープン縦樋／利用者がつくる壁模様／布地張り襖／白磁張り外装／モザイク床／PSPC模様打ち／GUP／鉄板型枠の低層住宅／木造格子梁／超軽量立体トラス／重ねられ、つなげて並べられる机／討議　内田流の融通無碍さ

論考　建築構法学の発展を支えた内田祥哉の問い　　　門脇耕三　169

総括討議　再読・内田祥哉　173

セッション1：
内田祥哉を実践的に読む　　連勇太朗、橋本健史、藤田雄介、浜田晶則、増田信吾
メタボリズムと内田祥哉／メタボリズムとビルディングエレメント論／ビルディングエレメント論を現代的に読み替える

セッション2：
建築史における内田祥哉　　松本直之、宮内義孝、和田隆介、柳井良文
建築家・内田祥哉の美学／大量生産／手仕事

セッション3：
内田祥哉と建築的自由　　藤原徹平、古森弘一、羽鳥達也、門脇耕三
内田祥哉は何から自由だったのか／建築の民主主義――足し算の思考／庶民に「建築」を届けた建築家・内田祥哉／メディアから自由、空間からの自由／建築自身から自由に／空間について／ビルディングエレメントの扱い方

あとがき　　　　　　　　　　　　　　　　　藤原徹平　199

内田祥哉 窓と建築ゼミナール
（2015年6月27日）

1

総論

窓の成り立ち

窓の成り立ち

『建築構法』の講義をしていたのは東京大学にいたころで、今から30年ほど前のことです。ですから、講義用の機材が今と全然違うんですね。スライドをコンピュータに移すのがたいへんだということに、準備をしながら気がつきました。また、もうひとつ当時と違うことは、それぞれ自己紹介をしていただいたように、参加者の皆さんが経験豊かで、最前線の建築にどこかで触れている方たちだということです。皆さんは、絵をご覧になって連想される範囲が、学生とはまったく違うはずです。そういうわけで、プロどうし、阿吽の呼吸でわかるような話をしようと思います。絵は話の見出しだと思って見てください。中には見たこともないようなものもあるでしょうし、見飽きているものもあるでしょう。見飽きているものに対しては、新しい発想で批判をもらえるとたいへん嬉しいです。それから、旧いものには旧いものの良さがありますから、それを話し合えるといいですね。一方的な講義にはできればしたくないと思っています。

「マド」の成り立ち

かつて明治大学に木村徳国(のりくに)[1]さんという歴史の先生がいて、めずらしく古代の研究をしている方でした。木村さんは、僕たちがわからないようなことをわかったように喋る人なんですね。堀口捨己[2]先生のお弟子さんで、堀口先生のお宅に遊びにいくと木村さんの話が聞けました。その中で、窓は「間」と「戸」の合わさったものだという話がありました。大昔の日本語は、一語で「ア」とか「ク」と言うと通じていたようで、そのころは「マ」とか「ト」と言っていたものが、後になって「間戸」という言葉に変わっていき、窓の語源になったという説でした。

　「ト」（戸）というのは、木村さんによると、どうやら扉そのものではなく、いわゆる通れるところのことを指していたようです。たとえば「瀬」は渡ることができませんが、渡れるところがあれば、そこが「瀬戸」になる。「杉戸」といえば、杉の森に通れるところがある、つまり道があるということ。「岩戸」といえば、岩があって越えられないようなところに、通れるところがあるという意味で、そこに天照大神が引きこもった、といった具合です。

1　1926–84。建築史家。1948年東京大学卒業、同大学院に進学。東京大学で非常勤講師を務めていた堀口捨己の講義に感銘を受けて師事する。北海道大学講師、助教授を経て、1965年明治大学教授。日本古代建築を研究した。
2　1895–84。建築家、建築史家。1920年東京帝国大学卒業、同大学院に進学し、分離派建築会を結成。その後、近代建築と伝統の調和を模索し、茶室、数寄屋、庭園を研究。明治大学の建築学科創設に携わり、1949年より教授。

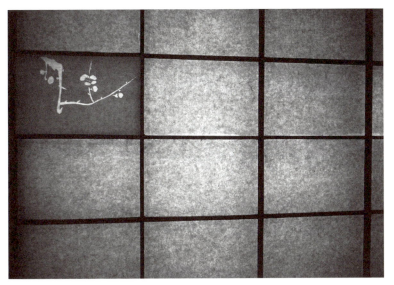

図1　東北の民家の明かり障子

　そんなふうに考えると、日本には「やまと」という地名がたくさんありますが、もしかしたら「やまと」はもともと「山戸」で、山があって越えられないようなところに、峠道があったところを指すんじゃないか、などと想像が膨らみます。真偽のほどはわかりませんが、とにかく木村さんからは、「戸は扉にあらず」ということを教わりました。それから「マ」はもちろん「間」ですね。つまり柱の間。日本の建築には柱がありますが、その間は通れるので、「間戸」と呼ばれたというわけです。

ガラスの導入

　大昔の話はこれくらいにして、これからは僕が直接見聞きしたか、それより少し前の話をしたいと思います。最近の話は次回以降にするとして、今日は戦前までの話をします。
　窓を考えるときに一番重要なことは、光を通す技術がいつからあったのかということです。そうなると、やっぱりガラスのことを話さざるをえない。日本の場合は明かり障子[3]がありましたが、ヨーロッパはそうはいきませんでした 図1。日本の障子はいつごろからあったのでしょうね。

3　一般的な紙張り障子のこと。障子とは、厳密には建具一般を指す語であるから、光を通さない襖などと区別するため、紙張りの障子には「明かり」を付けて呼ぶのが本来である。

戸田　平安時代の遺構というのは残っていませんが、「明障子」は平安時代末期には用いられたようです。12世紀後半に公卿の中山忠親が記した『山槐記』にある平清盛の六波羅泉殿の指図のなかに記されています[4]。

　おそらく昔は蔀戸(しとみ)[5]だけですませていたんでしょうね。平安より前には障子を張った戸はなかったのでしょう。だから日本建築は庇を深くして、雨を防いで採光を確保していた。

　そのように考えてみると、ガラスが広まる前のヨーロッパでは、どうやって窓から光を入れていたのか不思議です。雨があまり降らない地域ですから、窓は開けっ放しでよかったのかもしれないけど、寒いと思うんです。ところが、寒いからといって窓を閉めると、真っ暗になっちゃう。だからガラスは、窓にとって画期的だったんですよ。

　というわけで、まずガラスの話から始めます。19世紀には、ガラスはまだ手吹きでつくられていました。1851年にロンドンで建設された《クリスタル・パレス》のガラスは30万枚。これもすべて手吹きでつくったそうです。このころのことは、旭硝子から助成金をもらって、ガラスの本をつくったときに調べました。

クリスタル・パレスのガラス

　《クリスタル・パレス》は皆さんよくご存知だと思いますが、アーチ部分の骨組が木造であることは意外と知られていません。アーチはプレハブでつくっているんですね図2。僕はプレハブを研究していましたが、プレハブの大きな木造アーチは《クリスタル・パレス》が最初じゃないかと思います。

　この建物では、枠の中にどうやってガラスを嵌めたのか、ということが疑問として浮かびます。しかし《クリスタル・パレス》に先行する技術としては、温室があるんですね。温室はヨーロッパの貴族にとって大事なもので、東ドイツの宮殿では季節に先駆けてブドウを栽培していましたし、貴重なブドウを鳥に食べられないようにするためにも温室が必要でした図3。その温室の屋根や壁がガラスでつくられていましたが、これが建築にガラスを取り入れた最初じゃないかと思います。

　《クリスタル・パレス》のガラスは、瓦のかたちをしていました。1枚1枚を波形にして、雨を流すというもので、だから屋根にも波形が見えるでしょう。プレハブのアーチは、いまでいう木造の大型の集成材のようなもので、

4　六波羅泉殿の指図は『山槐記』治承2年(1178)11月12日条所収。
太田静六『寝殿造の研究』吉川弘文館、新装版2010、初版1987。
5　寝殿造などに用いられた古くからある建具であり、板の両面に格子を組んだ戸。通常は上下2枚を組み合わせ、上半分は内法長押から吊り下げ、下半分は柱間にはめ込む。戸を開ける場合、上半分は外側に跳ね上げる。

図2 《クリスタル・パレス》の木造プレハブアーチ［出典：『Architectural Review』表紙］

図3　ヨーロッパのガラス張り温室　[出典：内田祥哉編『現代建築——写真集』共立出版、1968]

やっぱりロンドンの《クリスタル・パレス》は当時としては画期的であったことがわかります。それにガラスを嵌めたんですからね。

　《クリスタル・パレス》のガラスは30万枚もありましたが、手吹きではつくるのがたいへんですから、なかなかガラスは普及しない。ガラスの生産を最初に工業化したのはベルギーですが、ベルギーでは1901年に「フルコール法[6]」と呼ばれる引き上げ法が登場します。この技術は旭硝子の尼崎の工場にも採り入れられました。1914年にはロンドンで一時的にガラスがつくれなくなり、日本からガラスを輸出したという記録もあります。ガラスの製法はこの後いろいろ出てきますけど、旭硝子の資料館に行くとくわしく調べることができます。

ガラスの普及とサッシの導入

こうしてガラスが徐々に普及し、窓がだんだんと現在の窓らしくなっていったわけですが、それにともなって登場したのが、鉄の引き抜き材[7]でつくっ

6　ベルギー人のフルコールが発明した板ガラスの製造法。
ガラス素地の熔解釜から直接、板状のガラスを垂直方向に連続的に引き上げる。
フルコール法の登場により、板ガラスの生産性は圧倒的に高まり、品質も向上した。
7　ガラスを押さえるサッシは、同じ断面が連続する形状が望ましい。
引き抜きは、型から材料を引き出して連続断面を形成する技術であるが、現在の鋼材では、連続鋳造された鋼片をローラーで圧延する方法が一般的である。

たサッシでした。非常に軽快なサッシです。これは当時のガラスと同じように、鉄を引っ張ってつくるんですね。ただ、この方式だと角が甘くなるので、冷えてからもう一度ダイアモンドの歯を通して、角をピシッと出します。現在のサッシはアルミニウムの押出しが主流ですが、それができるようになるまではこの方法が実力を発揮するわけです。

　日本のガラス窓は、スティールサッシに関して言えば開き戸から始まっている。今は開き戸のアルミサッシはずいぶん減りましたよね。ところが、外国に行くと逆で、引き戸なんて滅多にないでしょ。だから引き戸というのはなんともいえず和風で、強力に日本人に根ざしたものなのです。

　引き抜き式のスティールサッシの後に出てくるのが、鉄の曲げ板を使ったサッシです。アルミの押し出しは断面形状がどんなに複雑でも、一回で押し出すことができますが、曲げ板のサッシではそうもいかないので、断面形状を単純化したり、分割してつくっていました。

引き抜き式スティールサッシバーはふたたび可能か

僕が今知りたいのは、現在の技術を使えば、引き抜き式でアルミサッシのような断面のスティールサッシができないかということです。引き抜きの技術は、熱い鉄を型から引き抜くというものですが、一度ではうまくいかないから何度か型に通すんですね。今はそんなに手間のかかることはできないということで、すたれてしまっています。ところが、静岡県にある内藤廣さんの設計した《倫理研究所富士高原研修所》では、引き抜きの十字柱が使われています。スティールの引き抜きは、型をつくるのにお金がかかるので、相当大きな単位をつくらないと採算が合わないと言われていますが、内藤さんの使った十字柱について八幡製鉄に話を聞くと、1t分で型代は償却できたということでした。1t程度でなぜ採算が合ったかというと、僕の聞いた話では、引き抜きの時の摩擦を軽減するために、潤滑剤としてガラスを使ったからだそうです。ガラスは鉄よりずっと低い温度で溶けますから、鉄だけで引き抜くよりずっと簡単で、型代も安くなる。だからスティールサッシは、今でも本当はできるんだろうと思います。大きな力のある設計事務所は、ぜひスティールサッシを試してみてください。日建設計までいかなくても、そこそこの規模の事務所でも使えるんじゃないかというのが僕の感触です。

　実際に新日鉄の担当者に聞いてみたら、「できます」とはいうんだけど、実際につくってみないと本当のところはわからない。しかし、鉄の引き抜きができると、アルミ以上にシャープな断面の、いろんなかたちのサッシが実現できると思っています。

スティールサッシとガラスの納まり

藤原　スティールサッシの問題は、ガラスが割れたときに簡単には交換ができないことでしょうか。

　では、その話をしましょう。千葉学さんが改修した《大多喜町役場》には、新築当時のサッシがまだ残っています。これがとてもきれいなんですよ。千葉さんもこのスティールサッシを高く評価して、残すことに決めたんですね。

　そのスティールサッシにガラスがどう留まっているかというと、一見パテで留まっているように見えるわけです。今ではみんなそう信じている。ところが、戦後に実際に僕が設計していたころは、パテだけで留めるような図面を描くと、上司から叱られました。パテはすぐ硬くなるので、それだけで留めるとガラスが割れるんですね。あのころのガラスは厚さが2mm程度で、非常に薄かったですしね。だから本当は、ガラスはクリップで留めるんです。クリップを通しておいて、パテが固まってとれてしまっても、ガラスが落ちないようにしておくわけです。千葉さんはクリップなんて知らないだろうと思って、《大多喜町役場》でのガラスの留め方について聞いたら、「クリップで留めました」と言っていましたから、さすがにちゃんと勉強したなと感心しました。

　こういう留め方をした昔のガラスはシャープで美しいんです。こういうディテールがいまでも残っているところは少ないですが、僕が知っているかぎりでは東京女子大学の校舎がそうです。東京女子大学の建物では、昔のスティールサッシがほとんど残っていて、しかも動いています。手入れさえ良ければ、戦前のものでもちゃんと動くんですね。

　スティールサッシが残っている建物で、保存のためにいま修理をしているのが、港区白金台にある《旧国立公衆衛生院》（設計：内田祥三[8]）です 図4。この建物では、サッシがコンクリートから外れないようにコンクリートと一緒に打ち込んでいるんです。タイルも一緒に打ち込んでいる。一時期タイルの剥落が問題になって、前川國男[9]さんが打ち込みタイル工法をやったでしょ。その工法の非常に早い時期の事例です。ところが、コンクリートと一緒に打ち込まれたサッシを取り替えようとすると、非常にたいへんですし、無理に取り替えようとすると、今度は中の鉄筋まで傷めてしまうわけ。

　これはサッシを打ち込んでいるときの写真です。鉄骨にアンカーで借り受けしておいて、そこに型枠をつくってコンクリートを打つ。これなら絶対に

---

[8]　1885-1972。建築家、建築学者。1907年東京帝国大学卒業。同大学院進学後は佐野利器のもとで建築構造を研究、助教授などを経て1921年教授、1943年総長。多分野で業績を残し、現在の建築学の体系の礎を築く。内田祥哉は次男。

[9]　1905-86。建築家。1928年に東京帝国大学卒業後、渡仏しル・コルビュジエに師事。帰国後はアントニン・レーモンドの事務所を経て、1935年事務所設立。戦後は近代建築運動の旗手と目され、日本の建築界を牽引した。

図4 《旧国立公衆衛生院》における窓サッシの打ち込み［出典：東京帝国大学工学部建築学科講義用資料］

図5 《近三ビル》戦前のアルミサッシ

サッシが落ちないという自信をもってやった工事です。ところが、手入れが悪いサッシがみんな錆ちゃって、アルミサッシに取り替えようというときにたいへんな騒ぎになったわけですから、わからないものですね。この建物は、東京都の港区が買い上げて、郷土資料館になります。こんなに大きな建物が資料館になれば、港区のものはかなりの量を保存できますね。修理は3年くらいかけてするようです。

戦前のサッシ、アルミサッシ

戦前の鉄の引き抜きサッシの時代に、窓の種類を整理しました。当時は外国から入ってきた上げ下げ窓の技術が残っていました。最近は上げ下げ式はほとんどなくなっていると思いますが、当時の上げ下げ窓には分銅がついているのと、ついていないものがありました。分銅があるものは上下を別々に、バランスで動かせますが、上下の建具でバランスさせるものは同時に動きます。日本になくて外国にあるのは、こういう突き出し窓です。開けた時に雨が降っていると雨が入ってきてしまうので、日本だと使えませんが、雨の少ない外国では普及しています。

　戦前のアルミサッシといえば、皆さんすぐに想像がつくだろうと思います。村野藤吾[10] さんの設計した《近三ビル》（旧森五商店東京支店）が1931年に竣工していますね図5。1931年に使われたアルミサッシというと、世界でもほとんど最初のころのものだろうと思います。どうして日本にアルミサッシがこんなに早い時期にあったのか、これについては工学院大学の後藤治[11] さ

図6 《元興寺》の窓

んが最近調べています。本当のアルミサッシだったのか、ブロンズのまわりにアルミを巻いただけだったのか、そのあたりは後藤さんが知っていると思います。とにかく、アルミサッシの世界初はこれだと、僕は思っています。この時期、アメリカでもアルミのサッシは報告されていないと思います。

日本の窓、襖、障子

こちらは《元興寺》の写真ですが、障子がもともと入っていたとなると時代的におかしいので、後で入れたのでしょうね図6。

　こうした窓は、もともとは一本溝だったと鈴木嘉吉[12]さんは言っています。それが引き違い戸のようなものに発達していくのですが、引き戸の溝は雨仕舞いが大事です。それをきちんとやらないと、水が溜まって溝から腐ってしまう。

10　1891–1984。建築家。早稲田大学で電気工学を学ぶが、建築学科に転科し1918年卒業。渡邊節の事務所を経て1928年事務所設立。多様な様式に学びながら独自の表現を確立。公共建築のみならず百貨店などの商業建築も手がけた。
11　1960–。建築史家。1984年東京大学卒業、同大学院に進学。文化庁文化財保護部などを経て、1999年工学院大学助教授、2005年教授、2017年理事長。歴史的建築物および街並みの保存修復について研究。
12　1928–。建築史家。専門は日本建築史。1952年東京大学卒業。奈良文化財研究所平城宮跡発掘調査部長、文化庁文化財保護部建造物課長、文化財監査官、奈良国立文化財研究所所長、文化財建造物保存技術協会理事などを歴任。

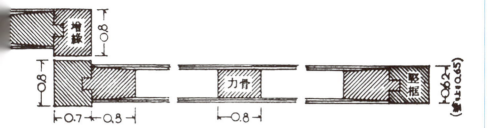

図7 襖の召し合わせ［出典：東京帝国大学工学部建築学科講義用資料］

　たとえば、溝の中にじょうろ口をとって、そこから雨水が出るようになっていたり、溝の底を抜いておいて、戸のいちばん外側のふちを引っ掛けるようなものもあります。にじり口に使うような軽い戸なら、これで大丈夫。今は手間がかかるのでなかなかできませんが、石を削り出して、そこに水が切れるくらいのチリをつくっておくなんていうものもあります。
　窓の中で日本独特なのは、この下地窓[13]ですね。普通は土壁を塗り残してつくるものですが、いまではこの部分だけ塗られていない既製品を売っているんですね（笑）。
　これは襖の召しあわせの部分です図7。襖紙を張るためにちゃんとこういうところを斜めにしておくんですね。斜めにしないと端が下張りの枚数分厚くなって、エッジがシャープでなくなりますからね。下地を手前で止めておいて、最後の仕上げ紙をここで1枚分折って納めるわけです。
　図1は東北の田舎の民家で撮った写真で、この家の奥さんが障子を自分で張るときに、切り抜きの絵を入れていました。障子って引き戸のところだけ少し凹ませるでしょう。そのときにこういう細工をして張っている。
　これもときどきみかけます。障子の桟に面をとって十字にかみ合わせるなんて、考えただけでぞっとします。

[13] 土壁を塗り残して小舞の下地を表しとした窓。室内側は明かり障子を引くか、掛け障子とする。草庵茶室にて現れた侘びた意匠の窓であり、数寄屋風書院にも用いられる。

丸太のひかりつけ──三重大学《レーモンドホール》

竹は安いという印象があるので、粗末なものを好んで使う数寄屋でよく使われますが、施主にとっては手間がかかる分、値が張ります。実際、竹を使うと高いんですよ。なんで竹みたいに安い物があんなに高くなるのかというと、竹を縦横に組むのは容易じゃないんですよ。しかも「ひかりつけ14」ですからね。皆さんも現場で「ひかりつけ」をやってみた経験があるだろうと思いますが、丸い断面の材を組み合わせて、普通に図面を描くと「ひかりつけ」のようになるでしょう。軽井沢で別荘を設計した若い建築家が、丸太で柱梁を組んで、仕口を全部ひかりつけの納まりにしたら、大工さんがかんかんに怒って、こんな手間ひまかかるのは困る！と言われたという話があります。

津の三重大学に《レーモンドホール》という建物があります。アントニン・レーモンド15 が日本に来て間もないころに、最初につくった丸太構造の建物です。これが全部「ひかりつけ」の納まりになっているんですよ。レーモンドさんも日本に来て初めて丸太を使うときに、日本では丸太を組み合わせようとするから、全部「ひかりつけ」になっちゃうわけですね。ヨーロッパでは丸太の「ひかりつけ」なんて想像もしなかったでしょう。ただ縄で結わえるだけですからね。先月あたりから公開されるようになったみたいです。是非行ってみてください。レーモンドさんらしい食事ができる良い建物です。

戦後のガラス事情

戦後間もなく、カーテンウォールが出てくるまで、日本でどんなことがあったか、少し付け加えておきます。

ガラスの話に戻ります。当時はガラスが配給制だったなんてことは、皆さん想像もできないと思います。配給制だったので、民間の住宅の設計にガラスは使えませんでした。ガラスがなぜ使えなかったかというと、ガラスを溶かすための燃料が日本にはなかったからです。当時は2.5 mmや1.9 mmのガラスを使っていましたから、すぐ割れるんですよ。割れるとガラス屋さんがきて嵌めてくれたもので、だからひとつの町に2、3軒はガラス屋さんがあったんです。「銀線ガラス16」って知っていますか？ 今は知っている人はほとんどいないと思いますが、ガラスが配給制になって、一般の住宅にはガラ

---

14 不定型なかたちにぴったりと合うように木材を加工すること。日本の伝統木造では、自然石の礎石の上に柱を立てる石場建てなどにおいて、ひかりつけは必須の技術であった。

15 1888–1976。チェコ出身の建築家。1909年プラーグ工科大学卒業。翌年渡米し1916年フランク・ロイド・ライトの事務所に入所。帝国ホテル建設のためライトと来日し、1921年東京で事務所設立。モダニズムの作品を数多く実現する。

16 ガラスが割れたままになった小学校校舎を見た連合軍総司令部から支援を受け、1947年末から生産が始まった金属線を入れた校舎専用のガラス。金属線が入れられたのは、他に流用されないことが支援の条件とされたため。

図8 小坂秀雄による戦後木造通信建築《仙台地方簡易保険局》
[出典：内田祥哉編『現代建築——写真集』共立出版、1968]

スは使えないけど、学校建築には使ってよいことになっていた。ところが、学校建築に配給されたものを、余ったガラスとして横流しする悪い業者がいる。そこで学校に配給されるガラスを「銀線ガラス」にして、学校以外で「銀線ガラス」を見たら、横流しだなとわかるようにしておく。

　そういう時代でしたから、ガラスを有効に使おうというところから、建築のデザインも考えられました。たとえば、欄間まで同じ大きさのガラスでデザインをしたのが、小坂秀雄[17]さん。神戸芸術工科大学の花田佳明[18]さんが、通信省[19]の建築で残っているものを調べてくれましたが、東北地方に残っていたものもほとんど壊されています。小坂さんの作品は、鉄筋コンクリート造のものでも壊されてしまって、ほとんど残っていない。小坂さんの作品は本当にきれいでした[図8]。

　そのころには型板ガラス[20]がありましたね。僕が東京大学に勤めはじめて間もないころに、旭硝子がガラスの本をつくるということで、研究費をもらってトイレに使う型板ガラスの透過性について実験したこともありました。

17　1912-2000。建築家。1935年東京帝国大学卒業。東京松田建築事務所を経て1937年通信省入省。吉田鉄郎らが築いた通信建築を受け継ぎ、戦後の郵政建築へと発展させる。1963年退官、事務所設立。通信省時代の内田祥哉の上司。
18　1956-。建築学者。1980年東京大学卒業、同大学院に進学。日建設計などを経て、1997年神戸芸術工科大学助教授、2004年教授。建築設計理論や近代建築の保存・再生について研究。八幡浜市立日土小学校の保存・活用に携わる。
19　1885年から1949年まで、一時期を除き存続した中央官庁であり、郵便や通信を管轄した。局舎の建設のため置かれた営繕課は、吉田鉄郎などの建築家を輩出し戦前の近代建築を牽引した。1949年に郵政省と電気通信省に分かれる。

図9 《SH-1》[撮影：平山忠治]

戦後の日本のサッシ

戦後間もないころのサッシは、戦前とほとんど変わりがない。これは広瀬鎌二[21]さんが最初につくった住宅です図9。ほとんどサッシを使わず、鉄のアングルと曲げ板でつくっています。このころは本当にお金がありませんでしたからね。

　日比谷交差点にあった《日活国際会館》図10 は、壊されてしまって、いまはもうありませんが、これが曲げ板サッシを使った戦後初めての建物です。現在ひとつも残っていないと思います。なぜかというと、曲げ板のサッシは錆に弱くて、非常に腐食しやすい。デザインは良いんですよ。曲げ板サッシを使うと、サッシの表面とコンクリートの壁の表面は、タイル1枚分くらいの厚みの違いで、ほとんど平らにつくることができます図11。

20　表面に模様が彫り込まれた板ガラス。溶解されたガラスが通されるロールに刻まれた型によって模様ができる。1960年代初頭にフロート法が国内に導入された後、メーカー間の競争によって多種多様な型ガラスが生まれた。
21　1922–2012。建築家、建築学者。1942年武蔵高等工科学校卒業。村田政真の事務所などを経て1952年事務所設立。1966年武蔵工業大学（現・東京都市大学）教授。鉄骨造住宅「SH」シリーズなどを通じ建築の工業化を追求したが、後に木造を再評価し研究。

図10

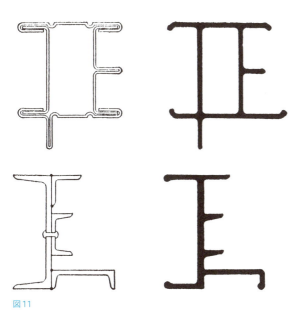

図11

図10 《日活国際会館》[出典:内田祥哉編『現代建築——写真集』共立出版、1968]
図11 曲げ板によるサッシとアングルによるサッシの断面
[出典:『アルミニウム建築』パウル・ワイドリンガー著、内田祥哉、原広司訳、彰国社、1961]

図12 《名古屋第二西電話局》

ガラスブロック

このころ、ガラスブロックはアメリカで使われていましたが、ガラスブロックは日本ではあまり使われていませんでした。高いので理由がないと使えなかったんですね。ところが、僕が電電公社[22]にいたときに設計した《名古屋第二電話局》では、ガラスブロックをたくさん使っています図12。そのために、いろいろとお題目を考えたわけです。

日本の電話局は、防火性能を確保することを大事に考えていて、開口部にはシャッターを入れていました。ところが、シャッターを入れると外開きができません。内側には電話の機械がビッシリたっているので引き違い戸にしないといけない。つまり、開き戸しかないヨーロッパのサッシとは違うものをつくらなくてはならなかった。また、引き違い戸は気密が不十分だったから、一重だと建物にゴミが入って困るんです。ゴミが入るのがなぜだめかというと、そのころの電話局はストロージャー式交換機[23]という機械を使っていて、その中にゴミが入ると、電話がつながらなくなっちゃう。その機械を日立がつくっていたのですが、日立はしょっちゅうクレームを受けていて、

22 　日本電信電話公社の略。郵便や通信を幅広く管轄していた逓信省は1949年に郵政省と電気通信省に分かれたが、電信電話業務を管轄する電気通信省は1952年に電電公社に移行した。現在のNTTグループの前身。

23 　最初期の自動電話交換機。通話しようとする人の電話線を相手方の電話線に接続する電話交換は、当初は手動の機械によって行われたが、日本では関東大震災を契機として1926年にストロージャー式交換機が導入された。

調査してみたところ、機械が悪いんじゃなくて、窓が悪いんだとわかったんですね。窓で気密がとれれば、機械は故障しないはずだ、ということになって、気密窓を考えることになりました。

　普通に考えると、引き違いの二重窓にして、そのうえでシャッターをつけることになりますが、これはべらぼうに高くなるんですね。そこで、どのみち窓は開かなくていいのであれば、上の方はガラスブロックにするのはどうですか、と提案しました 図13。とはいえガラスブロックも高いので、ガラスブロックの隣にはコンクリートの壁をつくります。このころは工場でつくるカーテンウォールの考え方がありませんでしたから、現場の床の上でガラスブロックを埋めた壁をつくって、立て起こしてくっつける。今で言えばサイトプレハブで戸田建設が施工しました。

　ガラスブロックは保谷クリスタルでつくりましたが、光を天井に屈折させるガラスブロックは日本でつくっていなかったので断面のプリズムのかたちまで設計しました。季節により太陽が高いときと低いときの平均値を計算して、いろいろな屈折率をもったプリズムを配列して、試作品に光をあてて実験をしました。現場小屋で夜になってから、映写機の幻灯をあてるんです。下の引き違い窓は普通のガラスだから光は下に落ちて、上の窓はガラスブロックで上にあがる。そういう設計をしました。

　ともかく、このときはガラスブロックを使って、非常に安く壁をつくることができました。ところが、後になると道路から子どもが石をなげて、ガラスブロックが割れるんですよ。それで上司に怒られました。《霞ヶ関電話局》にもガラスブロックがついていますので、東京でも見ることができます。

カーテンウォール

そういう時代はまもなく終わって、いよいよ本物のカーテンウォールが出てくる時代になります。ヨーロッパではカーテンウォールという言葉はかなり古くからあったようです。歴史に出てくる古い建物のなかにも、カーテンウォールの萌芽のようなものがあるんですね。

　実際にできているものをみれば、カーテンウォールと似たようなものは日本にもずいぶん昔からあって、たとえば東京駅の八重洲口（今の大丸ビルのあたり）にあった《鉄道会館》は全面ガラスの建物なんですね。こうした全面ガラスとカーテンウォールがどのように違うのかは当時の話題で、生産方法が違うからという意見がありました。しかし、カーテンウォールという言葉は生産方法を示しているわけではありませんから、もう少し別の意味があるだろうという意見もありました。結論としては、カーテンウォールとは外壁を軽くすることではないか、というのが当時の考え方でした。それまでの外壁はどうかというと、日本の場合は壁は一体式のコンクリートで躯体の一部にしていましたが、アメリカの外壁はおもにレンガ造だったんですね。アメリカではレンガ造の建築の伝統が生きていて、構造は鉄骨でつくっても、壁

図13

図15

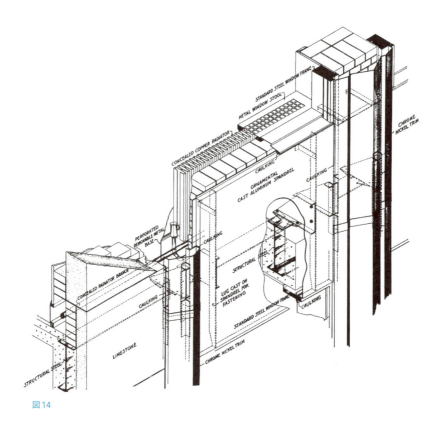

図14

図13 《名古屋第二西電話局》の指向性ガラスブロック
図14 《エンパイア・ステート・ビルディング》外壁断面図
図15 《国連ビル》の建設現場［出典：内田祥哉編『現代建築——写真集』共立出版、1968］

はレンガでつくるのが一般的でした。ところが、《エンパイア・ステート・ビルディング》ぐらいの高さのものになると、レンガでは重すぎるから軽くしようということで、レンガに孔を開けたホロー・ブリック[24] をつくって積んでいました 図14。

その状況を一挙に変えたのが《国連ビル》です 図15。《国連ビル》はカーテンウォールを本格的に使った最初の建物で、カーテンウォールらしいものの始まりだと僕は考えています。それ以前の《エンパイア・ステート・ビルディング》のような戦前の建物は、なんだかんだいっても現場でつくっているんですよ。では、それはカーテンウォールとは呼べないのかというと、そうではなくて、その当時は今までのレンガ造よりは軽いという意味で、カーテンウォールと呼んでいたんだろうと思います。それが生産方式まで変わって、今日の意味でカーテンウォールになったのが《国連ビル》です。《国連ビル》は外壁をパネルでつくって、上下のスラブの間に架け渡したマリオンにパネルを嵌め込むという、現代的なカーテンウォールでした。

カーテンウォールとプレハブ

ようするに、カーテンウォールとはプレハブなんです。当時はプレハブが一種の憧れでしたから、プレハブにしないでいいところでもプレハブにしたい、というのが建築家の本音でした。しかし、プレハブとは本来そういうものではなくて、不便な場所で工事をするときに、そこまで職人を運ばなくて済むというのが本質です。ヨーロッパでプレハブが始まったのは住宅で、イギリスからオーストラリアに多くの人が移住するときです。そこには本国であらかじめ部品をつくって持って行くほうが、職人を運んで現地でつくるよりは安くできる、という事情がありました。そういうプレハブの本質を表しているのが、僕がよく使うコウノトリが家を抱えて飛ぶ絵です。

つまり、人のいないところで建物をつくろうとするときに必要になるのがプレハブなんですね。そういう考え方に行き着くと、ニューヨークのマンハッタンの真ん中でつくった《国連ビル》が、なぜプレハブのカーテンウォールの始まりになるのか疑問だったのです。それが、日本で《霞が関ビルディング》をつくったときに、やっぱりプレハブでなければと思いました。つまり、地上は都会の便利な場所だとしても、上に行けば行くほど、エレベーターどころか、階段もおぼつかない場所になる。工事中のエレベーターは許可をもらわないと使えないくらい頻繁にものを運んでいるわけだから、なるべく人は運びたくないということになる。そこでなるべくでき上がったものを運ぼうということで、プレハブが選ばれるわけです。《東京スカイツリー》

24　空洞レンガブロックのこと。目線をある程度遮りながら光や風を通すため、塀などの外構に用いられることが多い。

図16 《レバーハウス》[出典:『Architectural Forum』]

をつくったときも、上のほうで作業をする人は弁当をもって、便所まで持って上がりますから、高層ビルの現場は都市の中にできた僻地です。なるほどプレハブでなければと、実感としたわけです。

　ただし、住宅のプレハブと根本的に違うのは、住宅のプレハブは量産ができますが、カーテンウォールは量産しないところです。カーテンウォールの場合は、ひとつのビルで数はたくさんつくっても、量産とは呼ばないんですね。国連ビルと同じ姿のビルが複数建てば量産と言えるんでしょうが、やはり超高層のようにお金のかかるビルを、隣の建物と同じように建てようという人はいないんです。同じものが安いに決まっているんだけど、大学のなかでさえ、ひとつとして同じ建物はないでしょう。建築家も、隣のビルと同じにしようとは思わない。だからカーテンウォールは一品生産です。それに対して住宅は、一品生産では高いから量産して、オーストラリアの移民たちはみんな同じ家でも我慢した。今でも災害時の仮設住宅は全部同じですよね。そういうわけで、ヨーロッパでもアメリカでも、住宅は量産するのが当たり前なんです。プレハブの住宅メーカーが、同じ住宅を量産していないのは日本だけです。

カーテンウォールの素材

《国連ビル》に続いてできた超高層が《レバーハウス》です図16。この建物にはステンレスのカーテンウォールが使われました。《国連ビル》のアルミのカーテンウォールより、ステンレスの方が明らかに高いけれど、お施主さんとしては、アルミのカーテンウォールはすでにあるんだから、うちは同じじゃない方がいいよ、ということなのでしょう。高層ビルのオーナーが決して同じものをつくりたがらないのは、日本の住宅のオーナーと同じことかもしれません。一品生産といってもつくる量が多いので、工場では量産しますが、しかし型をいくらつくっても、メーカーが他のビルには使えない。そういう意味で、カーテンウォールは一品生産なのです。

　そういうわけなんでしょうが、《レバーハウス》は強度のあるステンレスを使ったので、スティールサッシを使うよりも外壁が軽くなって、その分基礎が簡単なものになったから、全体として安くなったと説明されています。

　その次に建てられるのが《シーグラムビル》です。このカーテンウォールはブロンズです。鉄からアルミニウムになって、アルミからステンレスになり、最後にはブロンズになった。僕はこのころ、《霞が関ビル》の仕事で来日していたアメリカのカーテンウォールのコンサルタントと話す機会がありましたが、彼らが言うブロンズは真鍮という意味だそうです。ようするに、銅にスズを混ぜたものをなんでもブロンズと呼ぶんですね。日本ではブロンズと真鍮を区別するんだけど、アメリカには区別がないようでした。銅像なんかはブロンズなんでしょうけど、カーテンウォールのような建築材料については、区別はまったくないという印象です。《シーグラムビル》のブロン

ズは、日本流に理解すれば真鍮です。なぜ真鍮とブロンズを分けなきゃならないかというと、日本でいうブロンズは柔らかすぎて押し出しができない。ところが、真鍮は押し出しができるんです。《国連ビル》でアルミのカーテンウォールをつくれたのも、アルミニウムは押し出しができたからでした。

押し出しが可能になれば、どんな断面をした部材もつくることができるようになります。真ん中に穴があいた中空断面もできる。これがアルミニウムの特徴で、押し出しができたからこそ《国連ビル》のサッシが成立したといえます。当時のアルミのトンあたりのコストは鉄の8倍でしたが、サッシは材料が違っていても、断面が同じであればそれほど強度が変わりません。アルミニウムは比重が2.7で、鉄の比重7.2の約3分の1ですから、サッシの断面積あたりになおすと、鉄の約3倍の値段になる。それでもまだアルミは高価ですが、複雑な断面を簡単につくることができれば、生産コストは下がる。それが《国連ビル》のアルミのカーテンウォールの成立の理由です。

ただ、ブロンズの場合は、明らかにアルミより高いんですね。だけどブロンズは高価に見えるからいいじゃないかと(笑)。そういうことで、こっちは文句なしに成立した。カーテンウォールは見映えがすればいいんです。ただ、同じものは嫌なんです。こうして次々と新しい素材がカーテンウォールに使われていきました。

コンクリートのカーテンウォール

しかし、そのうちに材料のネタが切れちゃうわけですね。アルミニウムもやったしステンレスもやった、ブロンズもやった。実際にアメリカに行ってみると、アルミニウムのカーテンウォールなんて見渡すかぎりにあるんです。木造住宅の建具と一緒で、安いほうがよいビルは型を一緒にしておいて、プロポーションにバリエーションをつけたものがうじゃうじゃある。そして安い。そうなるとアルミは嫌だという気持ちになって、ステンレスのものができて、最後にはブロンズのものができたわけです。

このころにAIA賞[25]を受賞した建物で、アルミのカーテンウォールを使ったものはひとつもない。では、当時何が新しかったかというと、コンクリートのカーテンウォールでした。

コンクリートのパネルの良いところは、型枠が木でできていることです。ピッツバーグの工場にいくと、木の型枠を見ることができました。ところが、それが日本とは全然ちがって、鎧のように頑丈な型枠なんです。きちんとつくっているんですけど、ものすごく高いんです。日本だと型枠を現場で大工さんがつくるから、そんなに高くなるはずがない。外国に行くと日本のよう

---

[25] アメリカ建築家協会(American Institute of Architects)から授与される賞。世界中の優れた新築および改修のプロジェクトに対して毎年贈られる。

 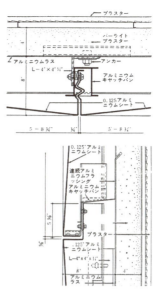

図17 《アルコア本社ビル》のアルミ・カーテンウォール　　図18 《アルコア本社ビル》の断面図
[出典：『Architectural Forum』]

　な大工さんがいないから彼らのありがたみがわかります。そんなわけでアメリカでは、型枠が高くて普通の建物にはコンクリートパネルは使えない。コンクリートパネルの建物は珍しくて、そうした建物がAIA賞をもらえるというのが当時のアメリカの状況でした。
　そのころの日本では、大工さんが現場で仮枠をつくるからコンクリートの外壁なんてそこらじゅうにあったんですよ。プレキャストのコンクリートパネルをつくるんじゃなくて、大工さんが現場で同じものをいくつも平気でつくっていました。僕が設計した電話局だって同じような窓が並んでいますが、全部ひとつずつ大工さんがつくっていた。こんなこと欧米でやったらたいへんな値段になるんだけど、日本は大工さんに頼むと安い。欧米は大工さんに頼むと高い。高い方が勝ち、というのがカーテンウォールです。
　これはピッツバーグの《アルコア本社ビル》のカーテンウォールです 図17。僕はアルコアをアルミニウムの会社だと思っていましたが、じつは不動産もやっている会社で、アメリカにはそこらじゅうにアルコアビルがあります。アルコアビルというのは、アルミニウムの会社のアルコアの不動産部がつくっているビルなんですね。ビルをつくるときも、もともとがアルミの会社なので、徹底的にアルミしか使わない。カーテンウォールだけじゃなくていろいろな部品、たとえば洗面器、水飲み場、流し、手すりなどもアルミニウムでつくっている。アルコアの報告書を見ると、「アルミニウムこそが現代の材料である」と書いてあります。
　ピッツバーグの《アルコア本社ビル》は、カーテンウォールの傑作というより外壁の傑作だと思います 図18。まずマリオンがないことが当時珍しかった。マリオンがあれば、当時でも外側のガラスを掃除するときにマリオンを

頼りにゴンドラを設置できたのですが、マリオンがないので窓を内側から掃除できるように、縦軸回転の回転窓が考案されています。枠とガラスの間にゴムのチューブが入っていて、空気が送り込まれるとふくれて戸締りができる。空気を抜くとチューブが縮むのでガラスを裏返して外面が掃除できます。マリオンをなくしても、ゴンドラを使わないで掃除ができる機構が開発されたというわけです。

それからもうひとつ大切なことは、ジョイントがオープンジョイント[26]になっている。今の建物はどうでしょう。シールが多いですか？ 日建設計はどうでしょう？ 僕はシールには反対なんだけど。

羽鳥　ガスケット[27]も使います。

ガスケットは、目地が十文字に交わるところでいろいろ問題が起きるでしょう。十文字のところが完全にしにくいのです。だから、オープンジョイントにすれば問題ない。オープンジョイントは漏れた雨を外に出す装置のことですね。等圧にしておいて、水が入ったら出せばよい。そうした考え方の外壁を現代的に考えたのが、この《アルコアビル》です。

しかし、次をつくるときには、もうマリオンのない建物なんて古いとなって、新しいものがどんどん出てきます。カーテンウォールの展開はおもしろいですが、時間ですから、この話は次回紹介することにしましょう。

今、日本でもやっぱりカーテンウォールは珍しくなくなってきました。ダブルスキンだってもう古いでしょう。今は何が先端ですか？

羽鳥　材料として先端なのは樹脂ですね。かっこいいかどうかは別にして、性能はダントツに良いです。

僕が最近みてびっくりしたのは《アーツ前橋》ですね。外壁に丸い孔がたくさん開いていて、曲面になっているところもちゃんとつじつまがあっていて、曲げてから孔をあけている。こういうものが流行になって、でもまたみんながやると古くなる。それがカーテンウォールの宿命でしょうね。

オープンジョイントは、ある意味でその後は進歩しません。《アル

26　外壁材どうしの隙間をシールなどで密閉するのではなく、開放することによって外壁材の内外の圧力差をなくし、雨水を外壁内に入りにくくする構法。侵入した雨水はすぐに排出されるように納める。

27　面材の取り合いやパイプの継手などにはさんで、ガスや液体が漏れないようにする材で、固定された取り合いに使われるもの。取り合いが動く場合はパッキンと呼んで区別する。材料としてゴムなどが使われる。

コアビル》で完成です。日本で典型的だったのは大成建設の《新宿センタービル》です。

藤原　オープンジョイントにして等圧で水を呼び込むと、打ち込みができなくなるのが問題ですね。打ち込んじゃう中で鉄が錆びることがある。いちど大失敗したのは、プレキャストコンクリートにアルミを打ち込んだときです。アルミと鉄のイオン化傾向の違いで電食するんですね。そこにほんの少しだけ水が入って、猛烈に錆びて大問題になったことがあります。

　今は三重サッシも主流になりつつあります。ガラスもペアじゃなくてトリプルになってきていて、そうするとサッシが太くなるので、彫刻的なカーテンウォールが出てくるようになりました。引き戸を三重にすると、外壁ももものすごい厚みになってきて、平面的な壁というより立体的なものを付けるという感覚に近くなってきています。

次回はカーテンウォールの話をもう少しするわけですけど、カーテンウォールは結局流行なんですね。材料の流行にはかぎりがあるから、《シーグラムビル》で終わるわけですが、その後はかたちの流行です。構造体と絡ませるとか、外壁とガラス面を一致させたツルツルのカーテンウォールとか、外壁とガラス面を一致させてサッシが出っ張ったものとか、そんなのがたくさん出てきて、最後にダブルスキンが登場します。

　次回はこうした材料以外の流行の話をして、それからカーテンウォールで日本のメーカーが大打撃を受ける話をしようと思います。

内田祥哉 窓と建築ゼミナール
(2015年9月19日)

2

カーテンウォールの
出現と定着

カーテンウォールの出現と定着

前回は窓全体をテーマとして、窓にガラスが導入された話や、枠の話などをして、カーテンウォールが出現したころのことまででしたが、今日はカーテンウォールについて集中的に話します。本格的なカーテンウォールは1952年にできた《国連ビル》が最初だと僕は考えています。それからすでに60年以上も経つわけですから、今後カーテンウォールがどうなるかについても討論できたらおもしろいと思います。

鉄骨工事の合理化としての床のプレハブ化

カーテンウォールとは、鉄とガラスの一般化を背景としたプレハブだと前回お話ししましたが、鉄骨造が可能になったのは20世紀になる直前で、歴史の先生に言わせると、このころの鉄骨造はいろいろなことがわかっていなくて、トライアンドエラーの繰り返しだったようです。そもそも鉄骨自体も鉄にした方がいいのか鋼にした方がいいのかわからないし[1]、建て方もわからない。柱がないところに梁をかけることはできませんし、梁がないと床も渡せないわけだから、そのころは柱梁を先につくるというのが原則でした。

　日本でも木造の場合は柱梁から建てるから、大工さんはいわゆる鳶に近くなって、手摺のない梁の上を足袋で走るという危険な作業がありました。それに対してヨーロッパの鉄骨造は層がたくさん重なって、もっと高くなるわけですからたいへんです。《名古屋第二西電話局》を設計していた1958（昭和33）年ごろの鉄骨工事は、他の工事に先駆けて鉄骨だけを建てるから、柱梁だけが先行する。わずか3層の建物でしたが、階高が5mあったから全部で15m。それが足場もろくにない状態で組み上がっていきました 図1。当時の鉄骨は鋲を打って留めてあるんだけど、監督は検査をしないといけないから鉄骨の上を歩いて行くわけです。そういう危険な作業を考えると、まずつくらないといけないのは床なんですね。床は足場を兼ねていますから、既製品をポンと置いてできれば一番いいということになる。だからデッキプレートのような波板が開発されて、それをまず置いて床にしようという考えが出てきた。これが鉄骨工事現場の現代化の最初であろうと思います。

　日本では鉄板の床は値がはるので、杉丸太で足場を組んで、床をコンクリートで打つ。ヨーロッパの場合、コンクリートの現場打ちはお金がかかるので、それよりはデッキプレートだということで、波形プレートが発達しました。つまり高層建築での最初に起きたプレハブが床のプレハブ化でした 図2。

---

[1] 鉄は炭素を添加すると性質を変え、炭素が多いと硬くなる反面、靭性が小さくなる。炭素を0.04％から2％程度含む鉄の合金を鋼と呼び、2.14％を超えるものを鋳鉄と呼ぶ。

図1

図2

図1 《名古屋第二西電話局》の現場
図2 初期鉄骨造における床のプレハブ化

壁の軽量化からカーテンウォールへ

床が安全になった段階で、次に壁の軽量化が進みました。その一例が《エンパイア・ステート・ビルディング》の外壁です。《エンパイア・ステート・ビルディング》は床のプレハブ化までは進んでいたけれど、壁はむしろそれまでの鉄骨造の建物に近い。ただし当時としてはとんでもなく高い建物ですから、壁も軽くしなきゃいけないということで、ブロックに孔の開いたホロー・ブリック[2]を使っている。壁を軽くすることによって、高い建物がつくれるようになったというのがこの時代。ただし、軽くはなったけど外壁に手間がかかっていたということであろうと思います。

その時代が終わり、いよいよカーテンウォールの時代の幕明けといきたいところですが、第二次世界大戦があったので、すこし時間がかかります。戦争が終わって、アルミニウムのサッシを使った《国連ビル》が建ち、本格的なカーテンウォールが初めて出現したといえる。SOMやアブラモビッツ[3]の設計ですが、全体のかたちはル・コルビュジエが提案しています。ル・コルビュジエはガラス張りの建築を実現させようとして、フランスから建築家を動員してアメリカにいろいろ言いにくるわけですね。そういうわけで、ル・コルビュジエのスタイルにしたがった建物をアブラモビッツが設計した。技術力があるSOMでしたから、それを使ってル・コルビュジエのアイデアが実現した。ですから、実際のカーテンウォールはアメリカの高度な技術によって完成したわけです。

そのことをくわしく書いたのがアルコアの発行した『アルミニウム建築』という本です。書いたのはパウル・ワイドリンガー[4]という、当時のアメリカの建築エンジニアのトップです。そのワイドリンガーが、ジェームズ・スターリング[5]やサーリネン[6]、ニーマイヤー[7]といった一流の建築家たちを総動員してつくったアルミニウム建築の作品集と、技術的な解説書とを合わせて2冊セットの書籍があります。作品集の方にはレコードが付属していて、

---

2 → 第1講・註24
3 マックス・アブラモビッツ。1908-2004。アメリカの建築家。1929年イリノイ大学アーバナ・シャンペーン校卒業。1941年にウォレス・ハリソンらと事務所設立。ニューヨークを中心に超高層ビルやホールなどの作品を残した。
4 1914-99。ハンガリー出身の構造エンジニア。チェコのブルノ工科大学で学んだ後チューリッヒ工科大学で修士号を取得。第二次大戦を契機に渡米し、1948年事務所設立。高強度コンクリートを用いた高層構造史を先駆する。
5 1926-92。イギリスの建築家。1950年リバプール大学卒業。その後ロンドンに事務所設立。1977年デュッセルドルフ芸術大学教授。1963年の《レスター大学工学部棟》で国際的声価を高め、イギリスを代表する建築家となる。
6 エーロ・サーリネン。1910-61。建築家。フィンランドの建築家エリエル・サーリネンの子。1923年に父と渡米。1934年にイエール大学卒業後、父と共同で事務所設立。たびたび作風を変えながら多くの作品を手がける。
7 オスカー・ニーマイヤー。1907-2012。ブラジルの建築家。1934年リオデジャネイロ国立芸術大学卒業。勤務したルシオ・コスタの事務所でル・コルビュジエに出会い《国連ビル》で協働。ブラジリア建設時には主要施設を設計。

建築家の声が入っているんです。どういう人たちかというと、ミース・ファン・デル・ローエ、ドナルド・バーセルミ[8]、ワイドリンガー、ラファエル・ソリアーノ[9]、フィリップ・ジョンソン[10]、ル・コルビュジエはもちろん、カール・コッホ[11]。写真はもちろん、しゃべった言葉もすべて記録されている。

　もう1冊の技術書『アルミニウム建築』は、原広司[12]君にも手伝ってもらって僕たちが翻訳して、1961（昭和36）年に彰国社から出版されています。

材料の競演から構造の表現へ

　アルミのカーテンウォールはその後、アメリカで普及していくわけですが、それを追うとカーテンウォールの最前線は結局のところ意匠として目立つことで、アルミの次はステンレス、ステンレスの次はブロンズ、その次は金属はやめてコンクリートといった具合に、次々と新しい材料に変えていったという話になります。他方、ニューヨーク全体を見ると、カーテンウォールはプレハブですが、じつは一品生産で、マンハッタンの空撮をみても同じ建物はふたつとないでしょう。これは当たり前で、うちはどこかのビルの技術開発のお古を使いました、とは言いにくいので、やはり何か主張をしたい。そうすると新しいものにしたい。新しいものにするには新しい材料がいる。そういう時代でしたから、カーテンウォールは次に何が出てくるか、建築界と一緒になってみんなが楽しみにしている、そういう花形でもありました。

　しかし材料の種類はかぎられているわけですから、それも長くは続きません。そうしたなかでできたのが、ピッツバーグにある《IBM本社ビル》で、高層建築に加わる風の水平力を曲げで持たせようという構造屋さんの新しいアイデアを採用しています図3。外壁には鉄網状の鉄骨を組んで、それを地面に留め、外壁の引っ張りと、中央のコアを圧縮に使って、建物全体を曲げでもたせようという構造です。つまり外壁を非耐力壁ではなく、構造として利用して意匠化しているわけです。これを「構造材による外観表現」と表現

8　1907–96。アメリカの建築家。1930年ペンシルベニア大学卒業。1942年よりヒューストンで設計活動を開始し、アールデコ・スタイルの作品を手がける。ヒューストン大学、ライス大学で教鞭を執る。

9　1904–88。アメリカの建築家。ギリシアに生まれ、1924年アメリカに移民。1934年南カルフォルニア大学卒業。規格化された鉄やアルミニウムの構造体を住宅や店舗に先駆的に展開。ミッドセンチュリー・モダンの建築家の一人。

10　1906–2005。アメリカの建築家。ハーバード大学で哲学を専攻し1927年卒業。ニューヨーク近代美術館キュレーターとして近代建築展を企画。1940年にハーバード大学大学院に進学し建築を学び、1940年代末からは建築家として活躍。

11　1912–98。アメリカの建築家。ハーバード大学で学び、1937年ハーバード大学デザイン大学院にて修士号取得。スウェーデンのスヴェン・マルケリウスの事務所に勤務。帰国後にプレハブ住宅《テックビルト・ハウス》を開発。

12　1936–。建築家。1959年東京大学卒業、同大学院進学。内田祥哉に師事し博士号取得。1961年設計同人を共同設立。1964年東洋大学助教授、1969年東京大学助教授、1982年教授。原研究室は研究者ばかりでなく多くの建築家を輩出した。

しました。これはおもしろいじゃないかということですが、これを見て感じがいいと思いますか？ 僕は外から見ておもしろくても室内から見るとひどいんじゃないかと思っていたんです。でも実際に行ってみると、意外によかった（笑）。窓がポツポツと開いていても、景色に連続性があると人間はだまされるんですね。頭のなかでは邪魔な構造体が消えていって、列車の窓から景色を見たような感じになって意外とよかった。IBMの人たちも満足していたようです。

　これに続いたのが、シカゴのマンハッタンにできたコルテン鋼[13] でできた《ジョン・ハンコック・センター》です図4。これは細かい筋交いじゃなくて、全体に筋交いを入れている。しかも、コルテン鋼でつくったんですね。錆がないから永久建築であるとうそぶいたんだけど、これは失敗だったと思います。コルテン鋼は風向きによって錆が止まらないんですね。シカゴの中心部は片方が湖に面し、反対側が陸地に向いているので、向きによって錆び方が違う。それに雨が吹きかかって錆が止まらない。錆が止まらないとしょっちゅう赤い顔をしているわけで、近所迷惑になる。東京でも村野[14] さんがつくった《浪花組本社ビル》が近所迷惑で散々苦労しましたね。近くに置いてある自動車までも鉄板がはげる。近所迷惑だけならまだいいんですが、じつはコルテン鋼の錆はガラスにつくと取れない。そこで、ガラスを磨くときに強力な石鹸を使うと、石鹸がコルテン鋼の錆を溶かす。いつまでたっても錆が安定しない。コルテン鋼とガラスの関係はなかなか難しいというのが当時の感覚でした。今でもこの建物はありますから、今度誰か行ったときにはその後の様子をくわしく聞いてきてください。

　外壁に構造体を見せて新しいスタイルをつくろうという流れは、鉄骨造ではこのあたりまでで終わりです。それならばコンクリートで新しい表現ができるんじゃないかと、構造を考える人がいました。ブリュッセルの《ランベルト銀行本店》は坂の途中にあるきれいな建物ですが、コンクリートの外壁が十文字のユニットに分割されていて、継ぎ目は全部ピンになっている図5。これを基礎で固定してやると全体がラーメン構造になる。部品としては十文字で、接合部はピンなんだけど、全体としてラーメンができるという構造で、SOMの設計で有名になった。同じころにこの構造を利用してつくったのが、アメリカの《イエール大学図書館》です図6。これも十文字ユニットがピンで連結されていて、その間に大きな大理石がはまっている。この建物は本当にきれいでしたね。なかから見ると大理石が透けて、非常にきれいです。外壁を鉄筋コンクリートにして、しかもラーメン構造でつくり、その構造的な特殊性を見せることで新しさをつくり出しているという傑作です。

13　鉄の表面にあらかじめ銅やニッケルなどで保護性錆を形成し、鉄本体が錆びることを防ぐ耐候性鋼。

14　→第1講・註10

図3

図4

図5

図3 《IBM本社ビル》
図4 《ジョン・ハンコック・センター》
図5 《ランベルト銀行本店》［出典：内田祥哉編『現代建築——写真集』共立出版、1968］

図6 《イエール大学図書館》　　図7 《千代田生命ビル》(現・目黒区総合庁舎)

日本発の新カーテンウォール──
アルキャスト・カーテンウォール

　ここまでは全部アメリカで開発されたもので、日本で開発されたものはひとつもありません。では、日本にはカーテンウォールの新しい技術がなかったのかというと、それは《千代田生命ビル（現・目黒区総合庁舎）》で見ることができます。キャストアルミ[15]を使った「アルキャスト・カーテンウォール」だけは日本発ではないかと僕は思っています。しかしアルキャスト・カーテンウォールがなぜ日本で開発されたのか、いろんな人に訊いてもよくわからない。アメリカにもないわけじゃなくて、フロア・トゥ・フロアの部品でなければいくらでもある。そういうものを見ながら村野藤吾さんが日本で初めて、キャストアルミのカーテンウォールを使ったんだろうと思います図7。

　アルキャストはこの後、どうなったかというと、意外なことに海外から注目されました。ドイツのミュンヘン・オリンピックのとき、競技場のそばにBMWの本社ができ、カーテンウォールにアルキャストが使われました。これは日本から輸出されたことは確かです。ヨーロッパは高層建築が嫌いですから、そのための技術が遅れていても不思議ではないわけで、日本発の技術が使われた貴重な例ではないかと思っています。

15　鋳造により成形されたアルミのこと。住宅地の中に建つ《千代田生命ビル》の設計にあたって光を跳ね返す壁はつくるべきではないと考えた村野藤吾は、アルミの鋳物で建物を覆うことを考え、その後この方法は普及した。

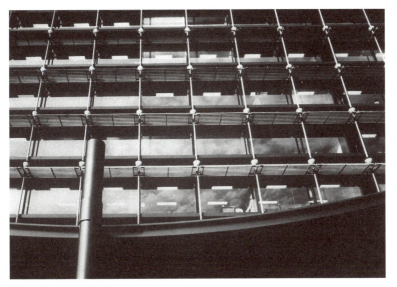

図8 《パレスサイド・ビル》

ガスケット・カーテンウォールの出現

新型カーテンウォールの種も切れたと思うかもわかりませんが、《IBM研究所》で、サーリネンがガスケット[16]をカーテンウォールに使うんですね。砂漠のなかの、ほとんど仮設に近い建物です。マリオン[17]もサッシも使わず、砂漠の暑さにガスケットが焼けてしまうんじゃないかと思うような単純な構造です。図面もこれで図面かと思うくらい簡素な図面です。この技術がどういう使われ方をするのか、当時の僕は見当もつきませんでした。

　それが日本で現れるのが、ご存じのとおり林昌二[18]の《毎日新聞本社ビル（パレスサイド・ビル）》です図8。これがなぜ実現したかということをはっきりと説明できます。日本は金属カーテンウォールの値段が高いという話は前回しましたね。だから日本のお施主さんが高級カーテンウォールを望むときは、コンクリートのカーテンウォールではなく、金属カーテンウォールをすすめるわけです。日本の場合は金属の方が高価なので、発注者にも好まれるということなんですね。それが見抜かれて、ある時期にカーテンウォール屋の乱立を招くわけです。そこで「しめた！」となるのがゼネコンです。乱立している業者を徹底的に叩くんですね。そこで仕事を取りたい業者が折れて、

16　→第1講・註27
17　カーテンウォールを構成する部材であり、外壁を垂直方向に分割し、スラブ間に渡されてパネルを支持する方立。元来は組積造において開口部を分割する垂直部材のこと。
18　1928–2011。1953年に東京工業大学卒業後、日建設計工務（現・日建設計）入社。同社取締役、副社長、副会長、都市・建築研究所所長などを歴任。オフィスビルを最も得意とする。内田祥哉とは公私にわたって交流があった。

安い原価で工事をすることになる。それではたまらないというカーテンウォール屋は叩かれてもよいように、あらかじめ上代価格[19]をふくらませておく。それを知っているゼネコンはさらに叩くという悪循環に巻き込まれることになります。ゼネコンはますます大儲けで、カーテンウォール大歓迎。そこで怒るのは設計事務所です。お施主さんに豪華になりますよと説明しても実際は安く叩かれたものが使われるわけで、立派とはいえないものができ上がる。逆にゼネコンが設計施工でやると、値段どおりの価格のものが使えるわけです。結局、設計施工の場合は高級なカーテンウォールが使える。そういう評判が立つようになりました。

　それに我慢ができなかった事務所の代表が日建設計です。ついにサッシを使わなければ平等になるはずだ、という論理になって、ガスケットを使う考えになったわけです。これでサッシ屋やカーテンウォール屋にはもう用はないですよと。

　これに似た事態は今まで何度か経験したことがあります。たとえば合板業界が一時期潰れかけたのもそうです。つまり、上代価格に実物とつり合わない高値を入れるようになると、それは正常ではない状態で、モノを売っていない設計事務所が割を食う。サッシを使わないで、ガラスとコーキング材[20]だけのカーテンウォールができ上がったのは、こういう背景がありました。

オープンジョイント

オープンジョイント[21]はすでにピッツバーグの《アルコア本社ビル》で完成しているわけですから、今さら新しくないのです。ところがガスケットが出てきて、それに応じてコーキング材が使われるようになってくると、すき間を全部ふさいでしまうことの問題も忘れられてくる。そこでもういちどオープンジョイントを見直そうという話になるんですね。

　その典型的な例が、コンクリートカーテンウォールの《新宿センタービル》です図9。その後にできた《浜松市役所》はアルミニウムですが、押し出しではなくキャストです。アルキャストだから高いですし、非常に手の込んだものですが、簡単にいえば「引っ掛け桟瓦[22]」の論理を壁に使ったようなディテールになっています。とてもうまい仕組みですが、これもその後は流行らないですね。やはりカーテンウォールの技術は、誰かが一度使うと中古になるというところがあって、必ずしも良し悪しだけの判断と違う。

19　商品の小売価格のこと。定価。
20　窓廻りや雨押さえ周辺のすき間などをパテ状の材料で充填することをコーキングといい、これに用いる材料をコーキング材と呼ぶ。
21　→第1講・註26
22　裏面の上部に突起がついた桟瓦。瓦がずり落ちないように、この突起を桟木に引っ掛ける。桟瓦は近世に登場したが、引っ掛け桟瓦は明治になってから考案された。

図9 《新宿センタービル》のオープンジョイント

　僕が試みた《佐賀県立九州陶磁文化館》の外壁は、オープンジョイントとしては今までに例のないものです。コンクリート・パネルの間がオープンジョイントになっている。オープンジョイントだから、ただ目地があって中に空洞があればそれだけでいいんですけど、このころは徹底的に雨仕舞いをやろうと思っていたから、煙突掃除の刷毛をつめています図10。雨が当たったときに雫が下に落ちるようにしたんですね図11。この外壁はオープンジョイントが二重になっているのですが、勢いのいいのが奥に入ったら困るから、外側のオープンジョイントの空洞に刷毛を入れました。

　ところで、この刷毛を横からすっと入れると、毛が上にいったり下にいったりする。だけど、入れてちょっと上下に引っ張ると同じ方向に揃います。ただ、刷毛の目を上に向けたらいいか下に向けたらいいかわからないので、実験をしてもらいました。やってみると下を向いているのはダメなんです。下を向いてると壁にびっしょり水がつく。上に向いてると水が全部まんなかの心棒に伝わって下に落ちる。非常に顕著なものです。

　スポンジを入れたらどうかしらん、ということでスポンジもやってみました。スポンジは一見よさそうなんだけど、スポンジは一度水みちができると、それがずっと変わらないんですね。雨漏りが起こる方向に水みちができてしまうと、水流がとまらない。ということで方向性のはっきりした刷毛がいいということになりました。

　刷毛を使ったオープンジョイントは、使ってみたいというカーテンウォール屋さんも現れました。どこに使うのかと思ったら、御茶ノ水の明治大学に使いたいということで、御茶ノ水の建物には今でも刷毛が入っているはずです。ほかにもあと何件か実現しています。

図10

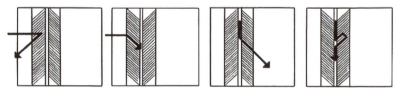

図11

図10　刷毛を用いたオープンジョイントが採用された《佐賀県立九州陶磁文化館》
［撮影：彰国社写真部］
図11　刷毛の向きと水の挙動

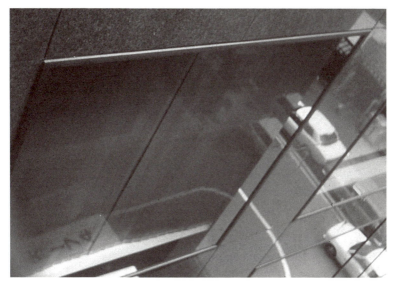

図12 《イトマンビル》の平滑カーテンウォール

平滑カーテンウォール

ここまでいろいろ見てきましたが、カーテンウォールは珍しいものがよいという側面があり、みんないろいろと考えるわけです。そのひとつが平滑カーテンウォールで、表面がツルツルのものです。この流行の発端はシーザー・ペリ[23]の《アメリカ大使館》だろうと思うんですが、珍しければなんでもよいといっても、じつはみんな言い訳があるんです。平滑だとゴンドラを使った掃除が楽だとか、いろいろ言われていますね。

しかし平滑カーテンウォールも見慣れてくると、そこにだんだんと技巧が凝らされていくんですね。ガラス面が壁面と揃うと、ガスケットだけが表に飛び出るのを嫌って、次はガスケット面が揃う。するとガラス面が少し引っ込むデザインが出てきたりする。

《イトマンビル》のカーテンウォールは大理石でできていますが、ガラスと壁面の継ぎ目がほとんどわからないくらい真っ平らで、この流行の先端でした図12。

---

23 1926–。アルゼンチン出身のアメリカの建築家。1952年アメリカに移民し、1954年イリノイ大学アーバナ・シャンペーン校で修士号取得。エーロ・サーリネンの事務所やDMJM事務所に勤務。1977年イエール大学建築学部長。

討議

今後のカーテンウォールはどうなっていくか

内田 最近見たカーテンウォールで新しいと感じたのはふたつです。ひとつは日本設計の《虎ノ門ヒルズ》。あれはオフィスと住宅をまぜこぜにしていますが、そこになんとなく統一感を与えようとして成功しているように思います。もうひとつは隈研吾[24]の《豊島区役所》です。彼らしく外壁と建物がどういうわけか離れていて、パラパラとしてるんだけど、中から見た景色がなかなか新しいんですよ。

まだ使われてない金属で可能性がありそうなのはチタンでしょうか。もうひとつは鉄の押し出し。これは前回お話ししましたね。

羽鳥 チタンは高すぎて使えないですね。軽いので《京都迎賓館》の屋根では使っています。それから、安藤忠雄＋日建設計の《国際こども図書館》のカーテンウォールが鉄の押し出しです。高層ではないですが、お金をかけられたのでしょう。

藤原 浅草寺はチタン瓦ですね。

内田 チタンをつくっている会社の人が「なぜ文化財をすべてチタンに代えないんだ」と言っていました。チタンに代えたらずっと手入れが楽なのにと。すると保存しているのにチタンに代えたら保存にならないじゃないかと怒る人が出てくる（笑）。でもこれは難しい問題で、保存だからといって昔どおりやっていたら、よい建物がどんどん壊されていってしまいます。

藤原 内藤廣さんが《倫理研究所》で鉄の押し出しのマリオンを使っていますね。ミースみたいな十字柱の断面形状です。

門脇 いま鉄を使おうとすると、熱橋[25]などで環境的な制約をクリアするのが厳しくなりますね。

藤原 環境問題は無視できないですね。羽鳥さんは先日、樹脂サッシが増えてきていると言っていましたが。

羽鳥 樹脂とアルミのハイブリッドなど出てきていますが、見た目はまだあまり素敵じゃない。鉄と軽金属の合金が安くなってきています。

藤原 アルミと樹脂の複合サッシって、日本のメーカーはあまりつくってないですよね。以前韓国で仕事をしたときに、日本メーカーのサッシだとついていけないなという感じがしました。三重サッシとか四重のサッシが当たり前になってきている。

内田 なんでそんなに重ねるの？

---

[24] 1954–。建築家。1997年東京大学卒業、同大学院に進学。学部では内田祥哉、大学院では原広司に師事。日本設計などを経て1990年事務所設立。2007年慶應義塾大学教授、2009年東京大学教授。国内外でプロジェクトを手がける。

[25] 断熱材を貫通する柱や梁など、建物内外の熱貫流が起こりやすくなっている建物の部分のこと。片持ち部で生じやすく、また熱伝導率が高い材料を使った部材で起きやすい。冷橋とも。

藤原　一番大きいのは、LEEDなどの環境性能基準の影響です。LEEDのプラチナをとると、アメリカでは減税対象になって固定資産税が下がるのですが、韓国はそれを追いかけている。LEEDは点数制で、重層サッシを使うとポイントが上がります。カーテンウォールではポイントを稼ぐメリットが大きいんですね。それで三重四重にして、環境に対して配慮しているということをアピールします。この「環境」が、カーテンウォールのあり方を決めるファクターとしてすごく大きくなってきている。

羽鳥　窓は環境的には弱点ですからね。そこをどう強化するか。ガラスは今トリプルが普通になっていますけど、熱橋になるのはサッシなので、そこで熱を逃さないようにするために樹脂サッシが出てきています。鉄やアルミだと熱伝導率が高いのでどうしても不利なわけです。

　今のオフィスでは内部の温熱環境をいかによくするかが勝負で、そこに主題が移行している。設備でいうと、今までの天井カセット[26]だと高い環境基準を満たすのが難しくなっているので、新しい試みをしようとすると空調システムからガラッと変えないといけない。そこにお金を使うようになってきていて、外装もそれにあわせた選択が必要になっています。

藤原　日本の建設業界は、内田先生のお話とは順番が逆になっています。昔はかっこいいものをつくりたいから何か理由が必要で、いろんな理由をつけて施主を説得していた。しかし今は環境基準を満足させることが社会的に優先されすぎちゃっていて、本当はかっこいいものをつくりたいんだけど、それがうまくいかなくて、破綻することが多い。

門脇　コンプライアンスなどと言われていますが、説明の仕方が最初にあるんですよね。説明の仕方を新しく考えるなんて余裕はなくて、社会的に流通している理由じゃないとなかなか説得できない状況が生まれています。

羽鳥　前例主義的というか……。

藤原　本社ビルというのは、前例がないことがすばらしいという歴史があったのに、前例を求めるようになってきてしまっている。

内田　東京駅の北側に日本一高いビルをつくる再開発の話がありますが、そのくらいであれば今までの材料を使った今までどおりのカーテンウォールじゃいかん、という話になるんじゃないですか？

羽鳥　どうでしょう。300ｍ台程度であればもはや珍しくないですし、変わらないんじゃないでしょうか。

門脇　「日本一高い」というのも大して宣伝にならなくなってきている。

藤原　竹中工務店が設計施工した《あべのハルカス》だって、わりと普通のカーテンウォールですね。

内田　なるほど、日本はあまりカーテンウォールで新しいことはやらないんだな。カーテンウォールの時代は終わったんじゃないか（笑）。

26　天井カセット型エアコンの略。エアコンの室内機が天井部に設置されるもので、天井と一体的に納める場合が多い。

普段着としてのカーテンウォール

羽鳥　むしろカーテンウォールがすごく一般化して普段着になってきたので、それを変えるのがたいへんです。平米5万円程度でできちゃうカーテンウォールが、掃除はしやすいしノーメンテナンスだしとなると、ほかに何を提案しても勝てない。

門脇　カーテンウォールが在来構法化してきた。

内田　浴衣的なカーテンウォールということか。

羽鳥　ユニクロみたいな感じです。

藤原　ユニクロ化の時代には、いかにハイブランドとユニクロを組み合わせておしゃれにするかが勝負ですね。

門脇　つまりカーテンウォールを下着にして、一品生産のルーバーをまとうという隈さん的な方法になっていくのではないでしょうか。

羽鳥　仮設の建設足場がいらないし、いろいろ考えるとなかなか既製品のカーテンウォールにはやはり勝てません。

内田　カーテンウォールが無足場なのは当たり前の話じゃないの？

藤原　特殊なカーテンウォールを設計しようとすると、やはり足場が必要だとゼネコンは考えるようです。2000年前後はファッションブランドがカーテンウォールにお金を使ったので、日本の建築家にとっては幸せな時期でした。ファッションブランドと仕事をすると、カーテンウォールに途方もなくお金をかけてくれた。

門脇　今思えば、あのころも内田先生のお話の繰り返しだったように思います。金属パネルの次はライムストーンといった具合でした。

藤原　その反動で、「壁はこんなにいらない」という状態になっている気がします。そのとき雨仕舞いなど、基本的な性能をどう担保するかという問題は出てきますが。

内田　豊島区役所みたいにすれば大丈夫だね。

藤原　ダブルスキンのように見えて、外側はスキンじゃないですからね。なかはユニクロでコートでおしゃれしているけれど、コートはスカスカで機能性がない。毛皮のくせに穴が開いているようなものです。

門脇　内側で簡単に雨仕舞いをとって、外側はかざり。機能と意匠を分離するということが起きているわけですね。

カーテンウォールの価格と流通

藤原　上代価格と実際の価格の違いはだいぶなくなってきています。むしろカーテンウォール会社が設計事務所に協力を求めることが多い。

羽鳥　生産効率が昔よりかなり上がっているので、実態と上代の差が見えないだけなのかもしれません。すごい赤字だと言われていたのに、竣工した後に聞くと「いや、赤字じゃないです」ということがかなりあります。

内田　やっぱり、乱立しないのはそれほど儲からないからでしょ。儲かったら乱立する。

羽鳥　中国が安かったころは、中国で安くつくったものを日本まで船で運ぶことができたんですが、今はもう難しい。

藤原　これだけ円安だと、ほとんど海外調達のメリットがないから、カーテンウォールの種類が日本では減ってきているという印象ですね。

内田　カーテンウォールは今どこでつくっているんですか？

藤原　ガラスの製造ではタイや中国や韓国など、三つくらい拠点をもって、為替レートの変動に対応できるようにするのが最近のスタンダードのようです。ガラス会社は世界で数社に集中してきていますが、これだけ円安だと国内でつくってもメリットがある。

内田　機械をつくりはじめたら、ひとつの種類をつくりつづけなきゃいけないでしょ。材料を取り替えるにはまた1週間くらいかかるから、容易じゃないもんね。今一番安くカーテンウォールをつくろうとしたらどういうのがあるんですか？

羽鳥　普通のアルミのカーテンウォールですね。むしろガラスの面積が価格には大きく関わってきます。だいたい今だとLow-e複層ガラスなどの複層ガラスが標準になっていて、それができるだけ安くなるような面積でサッシ割を考えます。サッシも多くなりすぎると高くなるので、そのバランスである程度サッシ割が決まる。

門脇　ガラスの性能を上げていかなきゃいけない方向だから、そうするとサッシにお金をかけている場合じゃないということになりますよね。

藤原　カーテンウォールは切り詰めどころですからね。まず初めに削られてしまう。

羽鳥　技術が現在の制度や生産的枠組みに最適化してきていて、クライアントのリテラシーも上がって説得話法が通用しなくなっているので、がんじがらめになっている。ハウスメーカーの生産体制はかなり最適化されていて、何か変えるとすごいコストがあがってしまうと聞いていますが、それと同じような状況になっていますね。何か別のパラメーターを導入するなどして、最適化しきった状況を変えないと新しいものはできません。《ソニーシティ大崎》の設計で、アウトフレームにしてバルコニーを付けたのは、より高い安全性をめざしましょうという話をして、まずカーテンウォールを脱することを考えたからです。

ヨーロッパと日本のカーテンウォール事情

内田　カーテンウォールが流行っているのは今どこの国ですか？

門脇　ヨーロッパは今でもカーテンウォールが主題のような感じがありますね。そもそも高層ビルが少ないから、チャレンジングなんでしょう。

内田　ヨーロッパは日本に比べて敷地が豊富じゃないですしね。カーテンウォールは一品生産だから、規模がある程度大きくて、そのなかで繰り返し生産がで

きないといけないから、低層じゃあまりカーテンウォールの効果がない。

門脇　ヨーロッパは外装に対して必ずパブリックな議論が巻き起こりますよね。そこもチャレンジングではないでしょうか。

藤原　ヨーロッパの場合は超高層をやれる建築家もかぎられている。ほとんどの事務所は経験がなくてやれない。本当に限られた建築事務所しかやれないんじゃないかな。

羽鳥　日本はまだまだこれから渋谷の再開発もあるし、物件数は多い。

内田　しかし今やアメリカにもヨーロッパにも参考にするものがなくなってきたので、オリジナルを開発するしかないんじゃないか。

藤原　だけどそのオリジナルをつくろうという意欲が感じられないな……。

門脇　ヨーロッパだと超高層が林立するようなことはあまりないので、ビル全体がある特別なかたちになる場合が多く、その表面をカーテンウォールのユニットで繰り返して覆い、かつ幾何学的に閉じるという設計的なチャレンジが生まれます。そういうものがやられているからヨーロッパはおもしろいなと思います。

藤原　でもヨーロッパでもそんなに話題の超高層は最近建ってないよね？

門脇　パリのピラミッド（ヘルツォーク＆ド・ムーロン）が建つのは決まったようです。

藤原　そんなに簡単に建たないと思うな（笑）。

ハンドメイドの可能性

藤原　シンガポールやバンコクのような、台風と地震がない地域は全然違うことがやれていますよね。黒川紀章さんも丹下健三さんも、みんなシンガポールで一度実験しています。シンガポールは小さな国なので現場の職人は周辺のタイとかマレーシアから手配する。現場ごとにそのつど移民させている。要するにサブコンが全部移民してくるような感じです。ヴィレッジをつくって建設中は滞在しています。

内田　ヴィレッジをつくる場所もないんじゃない。

藤原　なので現場のなかに住んじゃうんですよ。住みながらつくっているからすごくおもしろくて、可能性があるなと思いました。彼らはまず自分たちの村をどうつくるかを考えて、肉を干すところをどうするかとか、キッチンをどうするとか、トイレをどこにするとか、ビルの仮設計画を村をつくるようにやるんですよ。うまい建築家は、そこに住んでいる職人とその場でモックアップをつくりながら設計する。職人が建築のなかに住んでいるので、職人をやる気にさえすればおもしろいことができる。でもこれはハンドメイドということだから、カーテンウォールがそれで進化するかというと疑問もあります。

門脇　ハンドメイドの方が今は進化しそうですよね。工業製品よりも手づくりのほうが可能性がある。

藤原　たとえばザハ・ハディドの建築はプラモデルのようで、部品の図面を工場に渡して、それを工場でつくって現場にもってくるというやり方だから、現場

は組み立てだけで、数人滞在していればつくれてしまう。そのかわりクオリティは低い。部品と部品のあいだのジョイントはあまくて、全部逃げを計算して部品をつくっているから、骨と皮の間はスカスカです。

ストリートをつくる

藤原　一方で、デベロッパーやクライアントはストリートに対する欲望はけっこうあって、銀座の中央通りや表参道のようなものをどうにかして上海につくれないかということを考えている人はたくさんいます。丸の内にストリートをつくった三菱地所はそれで今強いと思います。ストリートをつくってストリートとビルの関係でデベロップするんだというのは、今アジアのなかではインパクトがある。

門脇　丸の内の仲通りは非常によくできていますよね。ビルに駐車場がいっぱいあって土日に使われないから、休日は1時間まで無料で、さらに買い物をすると無料時間が延びていくということをやって、休日にも街を賑わせることに成功した。足下にテナントを入れて、歩道も整理して、信号もなるべく気にならないようにして、すごく成熟したストリートができています。交差点に歩行者がいるときに、車が止まってくれるのは日本で丸の内の仲通りだけ。本当に歩行者のための都市デザインができている。

内田　日本橋の高島屋から八重洲口のあたりはこれからどうなるんですか？

藤原　あそこはいままさに開発していますね。COREDOが成功して、COREDO 2までできました。それで髙島屋と三越があせって再開発をしてるのかな。プランテック[27]の設計で本館を残して新館をつくるそうです。百貨店業界のブランディングの仕方もが変わっているようで、高いお金を払ってインテリアデザイナーとやるんじゃなくて、建築家と合理的に考えて、インテリアにお金をかけなくてもよいつくり方を考える方向にシフトしている。

内田　プランテックはそういったコンペに非常に強いですね。

藤原　プレゼンテーションが非常にうまいみたいですね。ムービーを使ったプレゼンを必ずやると聞いたことがあります。プレゼンでムービーを使うのはけっこうお金がかかるので、普通は国際コンペくらいなものですが、図面やパースの時代は終わった、これからはムービーだ、ということらしく、どのクライアントも見たことないものだからびっくりするらしい。そのためか、プランテックグループはCAD会社を持っていますよね。フランク・ゲーリーもそうですけど、先端的なCADシステムをどうやって設計のなかで活かしていくかがとても大事になってきています。

27　プランテック総合計画事務所は建築家・大江匡（1954-）が1985年に設立した建築設計事務所。企画・コンサルティング業務やICT業務など、建設関連の様々なサービスに特化した企業とともに企業グループを形成する。

設計の三次元化とシミュレーション

内田 最近は三次元でモデルを先につくっちゃって、あとは何でもできるよというのが多いんじゃないの?

藤原 今はヨーロッパや中国のコンペでは、三次元データの提出が求められます。見積もりをチェックするために使うので、いやおうなく導入しなければならなくなりつつあります。

内田 二次元データと三次元データでは労力はどれだけ違いますか?

藤原 最初から三次元データでつくらなきゃいけないので、設計の仕方が変わってしまう。そうなると建築の設計がみんな似てくるので、似たような建物がどんどんできるかもしれませんね。

門脇 共通ディテールをたくさん使う場合は楽だけど、少し変わったディテールを使おうとすると、プログラムから書かないといけないのでたいへんだと聞きます。

羽鳥 ゼネコンがまだ3D化してないですからね。一方で、三次元化する最大のメリットは、シミュレーションが可能になることです。二次元だと一からモデルを起こさないといけない。

門脇 環境シミュレーションも避難シミュレーションも全部かけられる。昔の構法計画研究が性能論で悩んでいたようなことが、今はシミュレーションでチェックできるようになったので、建築性能は把握しやすくなってきていると思います。

藤原 法律で縛っていたようなことが、シミュレーションで確認できるということならいいんだけど、法律もあって、シミュレーションもかけるとなると、最適化が二重にかかるから、そうとう単純にならざるをえない。シミュレーションはやっぱり省略して計算されてしまうし、さらに法律による標準化がかかるとなると、もう個性なんか全部ふきとんじゃう。

　だから良い建築つくるためにはものすごく手間ひまがかかるようになっています。一品生産的につくったものを3Dデータに上げて、シミュレーションで証明するというやり方をすればいいんだけど、それはただ証明するためのものだから、設計の手間が3倍くらいになる。日本の公共建築だとさらに説明資料をたくさん用意しなきゃいけない。はっきりいって大赤字ですよ。若い建築家は公共建築をとりたがるけど、ふつうにやったら倒産しかねない。

羽鳥 しかも高度なシミュレーションをかけたものを見せても、結局判断できる人はいない。「がんばってるみたいだからいいか」というような(笑)。

藤原 日本では結局エクセル表で判断されるんですよね。

羽鳥 3Dでつくっても生産体制がそれに追いついていないから、現場の職人さんとのやりとりには結局赤字入りの図面が必要です。

様式としてのカーテンウォール

門脇　これまでの議論について、歴史家の戸田さんにも意見を伺ってみたいです。

戸田　今日のカーテンウォールのお話を伺いながら、ゴシック建築の窓のトレーサリーを思い浮かべていました。トレーサリーとは、アーチ形の窓の上部の尖頭の部分の装飾のことですね。ここに幾何学模様や曲線模様が施されました。数百年にもわたって教会堂のファサードの窓割をどうするかということにみんなが腐心していました。近世以前の日本建築もそうなのかもしれませんが、誰かがデザインしたということではなく、ある時代のある地理的な広がりのなかに、直観的な共通性を認められるようなデザインが分布している。そのような造型上の類型性を指して様式と呼ぶわけです。

　これまで近代建築、もう少し狭くいうと近代主義の建築は、脱様式で、装飾性を排除したという説明がされてきました。とはいえ建築から表現性が失われたわけでありません。「様式」というと、いわゆる様式建築のような狭い理解のされ方をしていますが、本来、様式とはより一般的な概念です。近代主義の建築にも様式性は当然認められます。オーソドックスな建築史の記述というと、やはり図とかたちの変化を追うことになります。そのかたちの変化の背景には、新しい材料や技術であったり、また社会制度や産業構造の変化、あるいは建築にかかわる思考の枠組みの変化であったりする。そのようなかたちで時代の様式というものが形成されていく。さらに近代以降は建築家という固有名がプロットされていきます。そのようななかで高層ビルのファサードデザインというのは、19世紀後半から21世紀まで続く息の長い持続性をもった様式なのだと思いました。

　近代主義にも様式性は認められるといいましたが、一方で近代は様式概念に対して明確な自意識をもった時代もであります。そのことについては隈研吾さんが、モダニズムとミース・ファン・デル・ローエ、そしてポストモダニズムと安藤忠雄の関係について論じています[28]。両者の秘密を隈さんは、ディテールの秘儀性と作家としての秘儀性、つまりかたちそのものよりも細部における洗練、そして自己神話化に求めている。「近代という均質性によって特徴づけられる時代」だからこそ「秘儀性」によって芸術家という存在、そして芸術という制度が維持されるのだという鋭い指摘をされています。これは作家性という言葉では少し弱いような自己様式化の力だと理解したいのですが、隈さんがルーバーというひとつのエレメントをこれだけ展開しているのも、自己様式化のプロセスを圧縮するために自覚的に選ばれたものなのではないかという気すらします。

　そういう意味では内田先生のカーテンウォール論は、建築家という有名性とは別のところで記述し得るオルタナティブな近代建築史のひとつである。

28　隈研吾「安藤忠雄」『建築20世紀 part 2』(『新建築』1991年6月臨時増刊号)、新建築社、1991、p.201

そんなことを思いながら内田先生のお話を聞いていたんですが、今日の話によると最近はカーテンウォールじゃないと。そのあたりもまたおもしろくて、次の歴史をどう書くかというところで、何に注目すべきかは気になるところです。

門脇　ありがとうございます。次の様式を先んじて見つけると、次世代の隈さんになれるということですね。

藤原　隈さんは常に俯瞰的に物事を捉えていて、デザインの領分の外側にいようとしている。一方、内田先生は、しかしそのなかでオープンジョイントという自分のテリトリーをもつじゃないですか。伊東豊雄さんも妹島和世さんも日建設計もどこか自分のテリトリーをもってやるわけだけど、隈さんはそのテリトリーをもつことにかっこ悪さを感じて、その外側に行く人なんだと思います。だから次世代の隈さんという道はない。

戸田　さきほどの安藤忠雄論はちょうど《M2》の年ですが、隈さんは早くにそうしたメタな視点を獲得していた。そのような視点から何があるかを模索しているときに、ルーバーを再発見しあえてそちらに進んだように思うんです。

藤原　あえてなのか、テリトリーをもてないのかは、けっこう重大な問題。

門脇　でも俯瞰的意識をもつことは重要で、そのためには作家論じゃなくて、ある種のパタン論というか様式論的な構法のとらえの方が大事なんじゃないかという指摘ですよね。

藤原　そうですね。カーテンウォールというのは、みんなが領域の内側でがんばってふんばって、どうにか次の歴史につないでいくことが大事なんじゃないか。たとえば60年代の構造表現より2000年代の構造表現の方がより進化していてほしい。オープンジョイントも一段階進化しないといけないし。

羽鳥　ところでカーテンウォールという言葉はいつから始まったんですか？

内田　個人的な認識ですが、やっぱり《国連ビル》ができる前はそんなにはっきりしてなかったんじゃないか。だからそうなるとアブラモビッツあたりが言い始めたんじゃないかと。ただ、定義しようと思うともっとずっと古くて、要するに荷重を支えない壁のことだとすれば、ブロック壁もカーテンウォールと言える。だけど流行する意味でカーテンウォールという言葉を使いはじめたのは《国連ビル》以後だと思います。その辺は歴史家に文献を調べていただきたい。

　いろんな意味があると思います。実質的な意味と、商品的な意味とね。

羽鳥　《国連ビル》のような高層建築をガラスで覆うような状況が生まれ、その軽量で建物の変形に追従する動的な性質を表現したかったのでしょうか。いずれにせよ、それまでの窓という言葉では似つかわしくないと思ったのでしょう。特別な性能を持ったものを新しい言葉で表現したいという欲求がカーテンウォールという言葉を生み、そうした言葉による分化が一つのエレメントを生んだといえるのかもしれませんね。

内田祥哉論・エレメントへの注視は新しい建築の全体を要求する

藤原徹平

内田祥哉とは何者なのか？

内田祥哉とは果たして何者なのだろうか。40代後半以上の読者には説明不要の建築界の知の巨人だろう。若い読者には原広司の師にして隈研吾の師であると説明するのが分かりやすいだろうか。建築構法という観点から建築の学領域を大きく前進させた研究者であり、《佐賀県立図書館》、《佐賀県立九州陶磁文化館》、《有田焼参考館》、《実験住宅NEXT21》など重要な建築作品群を残してきた実践者でもある。日本建築学会賞を論文と作品の双方で受賞し、さらに大賞もトリプルで受賞したのは、私の知るなかでは堀口捨己と内田祥哉のふたりだけである。

内田祥哉は、相手の立場に囚われないフェアな批評眼で知られる。長年連載を担当してきた『ディテール』誌での仕事ぶりや、半ば伝説的な《八幡浜市立日土小学校》の設計者・松村正恒を見出した逸話などからも明らかなように、若手、巨匠、組織、ゼネコン、行政など建築に関わるすべてのことがらを幅広くフェアに注視するその眼力は、未だ衰えをしらない。本書のゼミにおいても、最新の技術や設計の趣向について、誰よりも活発に質問していたのは、他ならぬ内田祥哉その人であったし、その質問はつねに鋭いのであった。内田祥哉は建築への無尽蔵の好奇心を燃焼させて生きている。そんな人である。

隈研吾は著書『負ける建築』のなかで、日本の近代建築を救ったのは内田祥哉であると、熱く述懐する。ヨーロッパでのモダニズムの起こりは第1次世界大戦による住宅不足と市民革命である。つまりは、社会の欲求から近代建築は立ち上がった。ゆえにヨーロッパでは近代建築とはまずもって工学であり、科学なのであり、それを芸術に転換したのがル・コルビュジエということになる。ところが、日本ではむしろ前川國男や坂倉準三を経由しル・コルビュジエから近代建築が輸入された。日本では近代建築とは芸術である、というようにまずは社会が受け入れた。そこから日本の近代建築の不幸がはじまったのだという隈の説明はユニークだが、説得力に富む。そして隈は、このような建築＝芸術という癒着を切り離し、建築を芸術、工学、科学の正しい三角関係に置き直すことに成功したのが内田祥哉であり、それゆえに日本の近代建築は救われたと言う。確かに、日本の建築業界がアカデミーと設計と施工とで分裂せずに、今日までどうにかビッグファミリーとしてやってこられた理由のひとつに内田祥哉の存在を挙げても、それほど大げさということにはならないだろう。

内田祥哉の建築的俯瞰力

内田先生と話していると、最初はガラスの厚みとか、戸の引き溝とか、雨だれとか、ほんのちょっとしたことから対話が始まるのだが、気がつくと人類の工業化の歴史に話題が飛び、ぼんやりしているとバックミンスター・フラーとかクリスタルパレスとか、ものすごく大きな言葉と一緒に土俵に上げられてしまう。対局の一手目で最終局面が予言されてしまうような見通しの速さと遠さにこちらは驚くしかない。

原広司は、建築家・内田祥哉を論ずるきわめて重要なテキストを書いているが、そのなかで「納まり」[1]、「考案」[2]、「自然体」[3]という3つの特性から浮き彫りにしている。原によれば、内田がめざした建築とは、「納まり」にまず特性を持たなければならない。「納ま

り」とはきわめて具体的な対象であるがゆえに「考案」される技術的な問題である。「納まり」と「考案」をひたすら理詰めに解いていけば、その苦闘の成果は建築の異様な様相として本来は姿を現すが、しかし内田は、建築はつねに自然に対して素直な様相をもつ「自然体」の存在であるべきだと考えた。

内田祥哉にとって建築の対話とは、つねに〈「考案」を一歩先に進めることができるか否か〉という歴史の前線を探す真剣勝負なのである。その想いからすれば、本書に収録されたわれわれとの対話も、あるいは本書を通じた読者と内田祥哉との対話も、未来の建築を準備する〈考案〉の一部に他ならない。

内田祥哉の建築的俯瞰力の核心はビルディングエレメント論（以下、BE論）に帰するだろう。BE論とは、建築という扱いにくい総体をまず一旦エレメントに整理する。そしてそのうえで、エレメントごとに要求される性能や機能に偏差があると考えた。例えば屋根には防水性能が一番に問われ、壁には断熱性能や採光の機能が問われるということだ。そうすることで建築を〈科学的な視点〉から見つつ、そのまま工学的な〈問題対応の系〉にスライドすることが可能になる。さらに原広司は、内田のBE論を「境界論」として展開し、エンクロージャー（壁）、ルーフ（屋根）、フロア（床）という建築言語についての重要な思索的作業を行ったが、これによってBE論は建築における形而上学的な論としての奥行を獲得した。つまりわれわれは、内田祥哉から原広司という補助線を経由することで、防水のディテールのような性能の問題を、屋根というエレメントの問題へ、さらにそのまま境界論という具合にひたすら横滑りさせて思考していくことが可能となるのだ。

1　「内田祥哉は、建築の『納まり』にもっとも関心を持っていた。『納まり』は、生産方法と出来上りの姿を、同時に示す慣例となっている概念だからである。師が尊敬した建築家の一例を挙げると、バックミンスター・フラーと堀口捨己がいる。この対極をなすふたりの建築家は、内田祥哉にとっては、同じ傾向を持つ建築家なのである。何故ならば、両者ともに、建築の造り方を考案し、完成された姿は他者に真似できるところではなく、背景に思想を見ているからであり、つまりは彼等の『納まり』が独自の世界を表現しているからに他ならない。
（原広司「教育の風景のなかの内田祥哉論」、内田祥哉『建築の生産とシステム』栞、住まいの図書館出版局、1990）

2　「『納まり』の概念が説明しているように、またその意味するところにおいて、建築は技術である。したがって、建築の全体あるいは部分において、『考案』される対象である。つまり、建築設計の究極は、デバイスであり、言いかえれば仕掛けやからくりを発明することにある。」（同前）

3　自然であること、無理がないこと、言ってみれば「自然体」が附加されるだろう。その意味で、内田祥哉は、近代化に大いに関心を払い、後に触れるように、構法を軸とした設計学の体系をめざしながらも、日本的感覚の人でもある。（同前）

4　原広司「境界論」『空間——機能から様相へ』（岩波現代文庫、2007）

ビルディングエレメント論の先

内田祥哉は私の師である隈研吾の師にあたるから、私は孫弟子のようなものになるのだろうか。隈の近くに12年もいたので内田先生にまつわる話を直接・間接にいろいろ見聞きすることができた。例えば内田祥哉は建築のスタイルの差異にピクリとも反応しない。クラシシズム、ヴァナキュラー、インターナショナリズム、ブルータリズム、ポストモダニズム、デコン、ハイテック、といった括りは内田祥哉的建築俯瞰の前ではひたすら平等だ。隈が建築界から総スカンをくらうきっかけとなる問題作《M2》を、唯一前向きに批評し

てくれたのが内田先生だと聞いたことがある。私はこの話を聞いたときに、内田祥哉のぶれない建築俯瞰力のすごみを感じると同時に、さまざまなスタイルに器用に変化しているように見える隈研吾の建築創造の核に内田イズムがあることを理解するきっかけにもなった。小さく乾いたものの集合として建築を考える、というのが、内田先生から教わったことだと隈はしばしば言っているが、これはBE論の隈独自の咀嚼なのではないかと私は理解している。キッチュな《M2》であっても小さなエレメントの集合として組み立てている。しかし実際のところ小さいものの集合として建築を組み立てていくのは容易ではない。建築全体の大きさに比べて、建築の小さい部分が果たし得る影響力はときに絶望的に小さいからだ。普段は頼りになる機能論は、そもそも内田イズムでは最初から否定されている5。それゆえに、建築を小さいものの集合としてつくっていくためには、新しい集合の論理自体を創造していくことが重要になる。力の流れによる集合、人の運動による集合、風や光との応答がつくる集合、粒子論による疎密、流体論による集合、さまざまな仮説やトライアンドエラーをやりきる腕力と実験精神こそが、隈研吾という建築家のドライビング・フォースになっているのであり、これは内田が与えた小さな事物の集合という世界観への応答に他ならないだろう。

5 「明日の目的は今日の目的と異なるとすれば、今日評価されたものは明日の役には立ち難い」。(隈研吾「デモクラシーの戦後／内田祥哉」、『負ける建築』所収、岩波書店、2004)

内田祥哉の建築

今回のゼミを聴き進んでいく過程で、内田祥哉の建築をどうしても経験したくなり、《佐賀県立図書館》、《佐賀県立博物館》、《佐賀県立九州陶磁文化館》、《有田町歴史民俗資料館》、《有田焼参考館》、《先人陶工の碑》の6作品を訪ねた。いずれも心打つ素晴らしい建築であったが、私が最も感銘を受けたのは、それぞれの建築における人間的な配慮のありようだ。例えば《佐賀県立図書館》は、徹底したモデュール化が図られた建築で、平面も断面も構造のグリッドからシンプルに解いているようにも見えるが、実際のところはモデュール化の徹底と同時に、図書館として快適に使えるように、階高や手すりや家具に至るまでスケールの検討が徹底されている。そのために図書館全体が自宅の書斎にいるような親密な空間の質を持つ。竣工から50年以上を経た今日でも、多様な世代の利用者に馴染んだかたちで使われているのを観ると、建築が使い続けられるか否かというのは建築家の配慮の密度次第なのだとあらためて感じる。他では《佐賀県立九州陶磁文化館》は、陶磁器を扱っていることへの配慮から収蔵庫エリアは廊下も含めてブラシのような起毛した素材で仕上げられていて、うっかり学芸員が手を滑らせても絶対に大切な収蔵品を割ることがないようにという気づかいに感動した。今回のゼミの中でも第2次世界大戦時の都市火災に触れることがあったが、内田祥哉は学校建築の木造化には反対をする。内田は木造建築の推進に熱心だから最初は驚き、「えっ、なんでだろう」と思ったのだが、これは内田の戦争経験と関係する。大規模な木造建築にひとたび火がつくとその熱量はすさまじいことになる。平和な世が続くに越したことはないが、もし万が一、再度日本が戦火にさらされ

たときに子どもたちの建築がより安全であることは建築家の責務として言い続ける必要があるということなのだ。内田祥哉の人間的な配慮は筋金入りなのである。

　内田祥哉は建築家でありながら建築構法を研究した、のではなく、建築の組み立て・構法の創造こそが建築を飛躍的に強化すると考えた。どの建築作品を観ても切実に伝わってくる「建築の組み立てそのもの」への創造欲が、とくに顕著なのは、《佐賀県立博物館》や《有田焼参考館》だろう。このふたつの建築はつくられた時代も異なり、克服しようとした課題や得られた成果もまったく異なるが、いずれも過剰なまでに構法への興味が突出している。《佐賀県立博物館》は、構造家・木村俊彦のプレグリッド・システムによる構造の徹底した合理とプランニングがぶつかりあっており、それが大胆な空間構成や、十字状のコアと4象限に分割された特徴ある幾何学につながる。空間の大胆さは今見ても驚くほどで、漏水に苦しんだという逸話も含めて、この建築の組み立てがあまりにも時代に先んじていたという印象を強く持つ。そして、おそらくこの《佐賀県立博物館》の漏水からの大いなる反省としてスタートしたであろう《有田焼参考館》は、プレストレストコンクリートによる耐用年数の飛躍的向上、二重屋根による防水性能の向上という組み立てをしていながらも、実際のところは、切り妻屋根型の蔵というヴァナキュラー建築を完全に近代建築の言語で組み立て直している。建築構法という存在が、時代や様式を越えた大きな思考のフレームであることを端的に示している。この建築は近年の内藤廣や隈研吾の日本建築の創造的再解釈の系譜へと続く重要な歴史上の転換点にも思える。

新しい建築の全体

本書の発起人でもある門脇耕三が中心となって、『SD2012』誌で「構築へ向かうエレメント」という特集を仕掛けたことがある。それは間違いなく門脇の中では、内田祥哉のBE論のその先を考えようという試みであったはずであり、私もその点に共感し特集の企画に参加した。その特集の中で、西沢立衛から「新しい建築に向かう最も手っ取り早い手は、部品そのものが新しいことだ」というエレメントごとに話を聞かざるをえなかった特集の枠組への批評ともとれるコメントを受け取った。西沢の指摘は、既存の床や壁や屋根や天井というわれわれが知っているエレメントの区別とは違う、新しい区別を生んでしまうような創造的なアプローチによってこそ、新しい建築の全体を考えることができるのではないかということだった。西沢の指摘を思い出すたびに、私はなぜか内田祥哉の目前に立ちはだかっていたはずの未分化の建築の姿を想像する。建築を捉えつくそうとすればするほど、その思考の枠組みを振りほどく強烈な反発力が生じていく。建築とは巨大なものであるはずなのだ。建築を続けていくというのは、こうした反発を含んだ「考案」の系譜の中に身を置き続け、問答をし続けていくということに他ならないであろう。エレメントの「考案」が新しい建築の全体を要求するのであれば、そのつど全体を書き換えていけばよいだけのことだ。内田祥哉から学ぶのは、そういったラディカルな「考案」を自然体で行うこと、そして「考案」し続けることに自らの好奇心という生命を最大限燃焼させ続けることに他ならない。

内田祥哉 窓と建築ゼミナール
(2015年11月5日)

3

和構法に至る

和構法に至る

今日は和小屋[1]についてお話しします。これまでも和小屋の話はしてきましたが、和小屋についての講演に「和構法に至る」というタイトルをつけたのは2010年ごろからです。研究を始めたのはもっと前ですが、和小屋の意味がだんだんとわかってきました図1。そのようななか、日本の現代建築を眺めていると、同じ論理で説明できる事例が増えていることに気づき、タイトルに「和構法」と入れました。今日は和構法とは何かをお話ししますが、これから建築はこう変わっていくぞ、という話でもあります。さまざまな枠組みに触れながら、ゆっくりとお話しようと思います。

多様な日本の木造建築

日本の木構造の話をしようとすると、すぐに木構造の良し悪しの話になりますが、ひと口に木構造といってもいろいろあることを、まずは確認しましょう図2。

もっともわかりやすいのは社寺建築と住宅の違いです。両者にはひと目でわかる違いがあるにもかかわらず、火災に対しては同じ扱いになっていますし、社寺建築も重要文化財の住宅も同じようなものだと考えられています。しかし歴史の分野では社寺建築と住宅建築ははっきり別物とされていて、そのような認識に至ったのは関野克[2]先生の時代からでしょうか、その前の伊東忠太[3]先生の時代までは、西洋建築の石造と日本建築の木造を対立させていたわけで、住宅はほとんど話題にのぼっていませんでした。

社寺建築と住宅建築以外にも、日本建築にはもうひとつ城があります。ICOMOS（国際記念物遺跡会議／International Council on Monuments and Sites）の代表だった伊藤延男[4]さんによると、外国の建築家を日本で案内するとき、大阪城はRC造だというと納得するそうですが、姫路城は木造だといってもどうしても理解してくれないそうです。城はそれくらいRC造に似て見える。社寺建築はRC造にするとすぐにそれとわかりますから、そういう意味で城

1　木造の小屋組の構法で、小屋梁に束を立てて母屋および棟木を支えるもの。母屋には垂木を架け渡し屋根を葺く。和小屋に対して小屋組全体がトラスを構成するものを洋小屋と呼ぶ。
2　1909–2001。建築史家。1933年東京帝国大学卒業、同大学院進学。1940年同助教授、1946年教授。退官後は東京国立文化財研究所所長、明治村館長など歴任。文化財の保存修復に化学的な技法を導入。建築史家の関野貞は父。
3　1867–1954。建築家、建築史家。1892年帝国大学（現・東京大学）卒業、同大学院進学。1897年同大学講師、1899年助教授。3年以上におよぶ東方旅行を敢行。1905年東京帝国大学教授。日本建築史の様式・時代区分の礎を築く。
4　1925–2015。建築史家。1947年に東京帝国大学卒業後、国立博物館。奈良国立文化財研究所建造物研究室長などを経て、1953年東京国立文化財研究所所長。退官後は神戸芸術工科大学教授などを歴任。木造建築の文化財保護に尽力。

図1

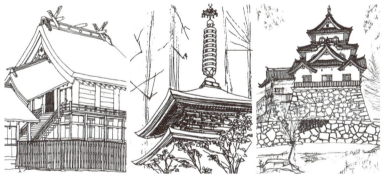

図2

図1　和小屋の民家［画：穂積和夫　提供：大阪市立住まいのミュージアム］
図2　日本のさまざまな木構造（左から神社、五重塔、城）［画：平井聖］

とは違う。では城は何かというと、社寺建築ではなくて、どちらかというと住宅に近いんだろうと思います。また耐火性についていえば、城は燃えにくい。木造は火災に対して弱いと言われていますが、城くらい周りを漆喰で塗り固めれば丈夫なわけです。

　これですべてかと思いきや、日本建築にはもうひとつ、校倉があります。校倉造は今のところ日本にしかないので、校倉という言葉を残すべきだと私は考えています。これに類するものとして、ヨーロッパにはログハウスがありますが、その名前からわかるように、丸太を交互に組み上げる構造です。丸太構造と校倉造は建物の組み方としてたいへんよく似ていますが、材の断面が三角形か丸かが根本的な違いです。三角形の断面をもったログハウスは今のところ日本以外では発見されていないはずです。「ない」ということを証明するのは難しいのですが、少なくともこれまで学者の調査では発見されていません。

　日本にしかないという意味では城だって非常に特殊ですし、五重塔も特殊で、軒の隅の垂木が平行になっているものは外国には見当たらない。隅の垂木を平行垂木にしたら軒が支えられませんから、落ちないようにじつは上から吊っているわけですが、そういう飾りの構造が法隆寺の時代からあるのは外国から習ったからだとしか思えないけれど、不思議なことに外国には見当たらないんですね。

　このような特殊化がなぜ日本で起きるかというと、太平洋のせいではないかと思います。文化は大陸から流れてきますが、日本から東へはいかない。すべての文化が日本で止まってしまうのです。するとどうなるかというと、ヨーロッパやアジアやインドを見て設計をするようになる。文化が流れてくる大陸の建築は、自分たちより上等で、手が込んでいて、すぐれた技術でつくられていると信じてしまう。だから一所懸命やるんです。その結果、どんどん特殊化していったんでしょう。太田邦夫[5]さんによれば、これは日本だけの話ではないようです。ヨーロッパにもカルパチア山脈という山脈があって、そこで文明や文化の流れが止められてしまうと、そのふもとの木造建築は特殊なかたちで洗練されているそうです。いずれにしても、日本の木造建築はどれをとっても非常に特殊です。しかし大陸の人は文明の果ての地にそんな特殊で洗練されたものがあるとは夢にも思っていませんから、日本建築はおそらくまだちゃんと理解されていない。一番大きな違いは建築の精度です。校倉造でも組み上がった木材に隙間が少なくて、ログハウスとは精度が違います。

　そうした特殊な建築が日本にはあり、その中でも社寺、住宅、城、校倉とまったく異質なものがある。これをひとまとめにして火事に弱いといったら城が怒りますね。伊藤延男さんの話によると、200年くらい前に校倉の下で

5　1935–。建築家、建築学者。1959年東京大学卒業。
現代建築研究所、東京大学助手を経て1966年東洋大学助教授。1984年同大学教授。
2001年ものつくり大学教授。2005年事務所設立。ヨーロッパを中心に世界の木造建築を調査。

図3 日本のさまざまな木造住宅。上：近世の町家（倉敷の街並み）、
下：近代の都市住宅（函館の街並み）［画：平井聖］

たき火をした泥棒がいたそうです。ひと晩焚きつづけたら床が抜けると考えたようですが、翌朝になってもまだ穴が開かなかった。それであきらめて逃げていったという話があります。火災に非常に強いものもありますし、地震に対しても五重塔は強い構造である。だから地震で倒れるというと塔は怒りますね。風に対しても、彦根城のように漆喰で塗り固められていると、風は手を差し込む隙間がないので、非常に強いです。このようにひと言で語れない、それが日本建築の多様性です。

書院、数寄屋、町家

都市住宅のなかにも書院と数寄屋、それとは別に町家と倉などの区別があります図3。書院と数寄屋の区別は難しいですが、どうしたらいいでしょう？

藤原　書院は武家住宅で、寺にもあります。数寄屋は遊びが多くて、構法的ではありません。

そう、書院は真面目なんだよね。木目は柾目[6]が最上級で、節があったらダメというのが書院。数寄屋は柱に節があってもいいし、節はえくぼだよ、な

6　木材の製材面において、木目が平行になっている状態のこと。丸太を樹芯に向かって挽くと柾目が現れる。柾目材は収縮による狂いが少ないが、一般に歩留まりが悪く高価。

んて調子で何が何だかわかりませんが、書院の良し悪しは万人が判断できる。では数寄屋はどこまで脱線してよいかというと、それもよくわからない。

古森 数寄屋は書院の脱線なんですか？

僕はそう思っています。書院がなければ数寄屋はない。そういう意味で数寄屋は書院から派生したものです。では町家はどこから出てきたのか？ 町家と書院・数寄屋はどこが違うか。

藤原 町家はひたすら実用的で、書院は実用のものではない。

そうです。書院は格式を重んじるから杢目は細かいほどいい。数寄屋はそれを脱線しても、何か主張があればいい。では町家はなんでもいいかというと、そうではなく構造的な裏づけを重んじます。格好が悪くても丈夫ならよい。節があっても強度に及ばなければいい。とはいえ、町家の定義はなかなか難しい。農家と町家もどこが違うかと言われると、よくわかりません。住宅にもいろいろなものがあるのです。これをひとまとめにして「木造は……」なんて語るのはもってのほかです。

それで終わりかと思うと、明治以降には擬洋風建築[7]、戦前にはモルタル塗りの木造などが出てきて、とにかく日本の木造にはたいへんな種類があります。

そのことを一応は理解したうえで、今日は構造的な問題だけをとり上げて、町家のフレキシビリティの話をします。日本の木造全体からするとごく一部の話ですが、それでも町家は幅広いですから、広い部分の話になります。

町家のフレキシビリティ

町家は宮殿建築から発達したのではないかと考えています。町家の原型を見ようと思ったら、兼六園の成巽閣「謁見の間」に行ってみてください。ここにはとにかく何でも揃っています。帳台構え[8]があり、床の間の右側に違い棚があって、そこに2階に上がる階段が載っている。ちょっと信じられない構造ですね図4。

書院造にはいろいろな格式がありますが、長押も鴨居もすべて柾目がいい。しかも目は細かい方がいい。途中で継ぐのはもってのほかで、天井にも格式

---

7 幕末から明治にかけて建設された和風や洋風の要素が混交した折衷建築。
近世以降の高い技術を習得した大工や左官が洋風建築を見よう見まねで建設したことに始まり、全国各地の学校や官公庁建物へと普及した。
8 書院造の上段の間（框によって床を高くした座敷）に設けられる装飾的な出入口。帳台構えは通常、敷居を畳より一段上げ、鴨居は長押より一段低く設け、重厚華美に装飾した4枚の襖を入れる。

図4 兼六園・成巽閣「謁見の間」［出典：「図録 成巽閣」歴史博物館重要文化財、成巽閣003］

がある。床に模様を付けるのではなくて、天井に模様を付ける。これは日本独特のものかもしれません。一番偉いのは格天井、それから竿縁天井という序列があります。

　三渓園臨春閣は数寄屋ですね。柱や落とし掛けが丸太になっている。しかし材料の格が落ちたから安くなるだろうと思うのは大間違いで、継手仕口が難しくなるから、むしろ高くつく。材料は悪くなりますが、手間をたくさんかけるわけです。

　書院の手間のかかるところを簡略化していくと町家になりますが、町家はフレキシビリティが高くて、大工さんに頼めば壁を動かすことができる。僕も昔は柱梁構造だから壁が簡単に動かせるのだと思っていましたが、壁が動くのは柱梁構造だからではないと考えるようになりました。大事なのは金物を使わない継手仕口で、町家は部材を傷めずに解体修理ができる。簡単に言えば分解したあとに組立がもう一度できるわけです図5。

　壁が動くくらいであれば外国の建築家も理解できますが、外国の建築家が本当にびっくりするのは、柱も動かせるということです。これは現代の日本の構造屋さんも驚くかもしれない。柱を動かすと梁の曲げモーメントが全部変わってきますから、彼らからすればそんなことできっこない。だけど日本の町家は大工さんに頼めば柱も動かせるんです。さらに優れていることは、柱を動かしても跡が残らず新築のようになることです。オフィスの可動間仕切りと同じで、外したところに跡が残らない。それで生活の変化にも追従できる。町家のフレキシビリティには、じつは和小屋が関係していると僕は考えています。

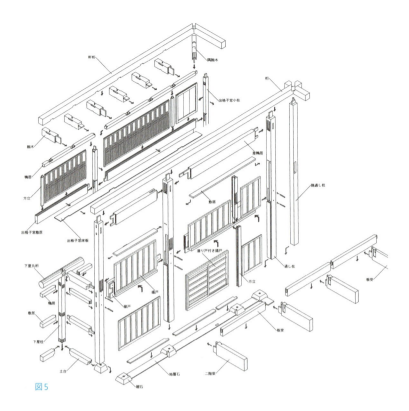

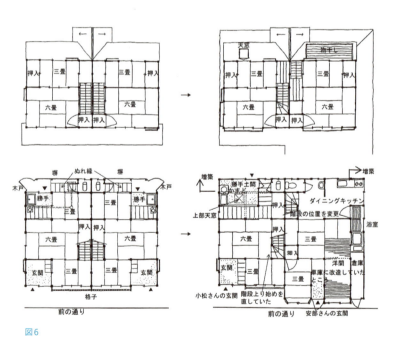

図5 町家のみせ 軒まわり組立アクソメ［画：渡辺隆］
図6 柱も動かした町家の増改築［出典：日本建築家協会『神田淡路町すまいの記録』、日本建築家協会関東甲信越支部千代田地域会、2011年］

柱も動かした増改築の事例

町家が柱も動かせるということは、実際の事例を見ると一番理解しやすいですが、庶民住宅である町家が生活の中でどのように変わったかを記録したものはなかなかありません。困っていたら、『神田淡路町すまいの記録』という、JIA（日本建築家協会）の好き人が集まって調べた資料がありました図6。これは僕にとってすばらしい記録でした。

　記録がある建物の敷地は、御茶ノ水の聖橋を渡ってニコライ堂の向かいの街区にありました。今は再開発されてビルになっています。この建物は長屋ですから、当初の間取りは左右対称ですが、改造の記録を見ると、階段の位置がすべて変わっています。2階の図面を見ると、階段の方向も昇り口も変わっています。ほかにも間仕切りを動かしたり、便所を動かしたり、石垣に沿って建物を拡張して台所にしたりしています。現代のプレハブ建築で同じことをやろうとすると容易じゃないですが、町家ではこのようなことを大工さんはあっという間にやってしまうんですね。さらに2階に物干をつくったり、天窓をつくったりしています。その天窓の下を見ると、1階部分にあった柱がなくなっている。それで強度が大丈夫かどうか、本当は計算してみる必要がありますが、とにかく柱を動かすくらいは日常茶飯事だった。とはいえ完全に柱を取り払うわけにはいかないので、三尺ずらして梁を補強し、そこをダイニングキッチンにしています。この記録が残ったおかげで、日本の木造町家がどれだけ自在に変化できるかが、ひとつ証明されたわけです。

　こうした自由な増改築がなぜ可能かというと、柱の上の梁を動かすことができるからです。今では法律の壁が立ちはだかるでしょうが、こうした改造も棟梁あるいは建築士の判断で可能だったのです。

　このように、日本の町家では大なり小なり増改築が日常的にされていました。大工さんは柱をなくすことはできませんが、動かすことはできます。外壁は雨仕舞いの問題もあるので柱より難しいですが、壁構造ではないので動かせます。1982年ごろに、ヨーロッパに外壁を動かした事例はないかと視察に行きましたが、残念ながら見つかりませんでした。文献で一所懸命調べても、ヨーロッパには外から付加する増築はあっても、日本の民家のように増築と改築がごちゃごちゃになって一体化してしまうような例はないんですね。外壁は動かさない。増築は増築、改築は改築、それぞれその中で完結している。

増改築は畳モデュールの上で

ではなぜ日本建築はこんなにも増改築が自由なのかと考えはじめました。まず思い当たるのが畳モデュールです。増改築自在の範囲は、三尺の畳モデュールで規定されている。金春国雄さんが書いた『The Noh Theater』という本があります。金春さんは彰国社で『建築文化』の編集長を何年かやってい

た人で、建築についてたいへんくわしい方であると同時に、能楽の金春流の家元です。自分で能もやるし鼓も打つ。その金春さんが外国人の書いた『NOH』という能の本の日本語訳をつくったときに、説明にきてくださって、畳モデュールの話を教えてもらいました。

能には座っている人の居場所が三尺角、立ち振る舞いのときは六尺角という畳モデュールの目安があるそうです。能を演じる演者がたまたま具合が悪くてその場で倒れたりすることがあると、一番近くにいる人が立ち上がり、倒れた人の代わりをするんだそうです。能は殿様にお見せするパフォーマンスなので、絶対に止めないんですね。そういうわけで、そのときどきで誰でも演じられるようにできているのが能だということですが、そこで畳が空間のモデュールになり、拍子が時間のモデュールになることで、人が代わってもそれまでどおりに続けられるのだという話を金春さんから聞きました。この畳モデュールは、単に建築材料のモデュールではなくて、空間のモデュールであることが非常に重要なことであろうと思います。だからこそ、三尺ごとに空間の意味が変わることを誰もが理解できるんですね。

オランダのニコラス・ジョン・ハブラーケン[9]も「日本には国民が共有している空間単位がある」と言いました。3.60ｍ角の部屋だと、だいたい何人くらいで食事ができるといったことを、それこそ日本人は北の端から南の端に至るまで、みんなわかっていると言うんですね。四畳半、六畳、八畳、十畳というと、だれでもその空間をイメージできる。だからそのモデュールを建築に応用することができて、空間や生産ばかりでなく、坪単価のようにコストの基本単位としても成り立っていると、彼の本には書いてあります。ハブラーケンがMIT（マサチューセッツ工科大学）で教えるようになってからは、多くの日本人が彼のところで学ぶようになったので、その後の日本にも非常に大きな影響を与えてくれました。

ハブラーケンはインドネシア生まれです。インドネシアはかつてオランダ領でしたが、太平洋戦争で日本に占領されてしまった。彼も日本の捕虜になって収容所に入れられていたようです。そのときに日本についてたいへんくわしくなって、それをオランダに持ち帰り、日本の優れた点を勉強してMITで紹介してくれたのです。

目安としてのモデュール

齋藤英俊[10]さんが桂離宮の修理に関連して当時のモデュールを調べました。そうしたら、それがまちまちなんですね。モデュールは建築生産の基礎単位で、それが60cmか60.6cmかは非常に大きな違いだと僕は思っていました。

9　1928–。建築家、理論家。1955年デルフト工科大学卒業。SAR（民間出資の研究所）所長などを経て1967年アイントホーフェン工科大学教授。1975年マサチューセッツ工科大学教授。オープンビルディング理論の提唱者として著名。

だけどこれだけ広い範囲のモジュールが存在するとなると、いったい日本のモジュールとは何だという話になる。日本のモジュールは目安であって、それを工業化のときの議論のように、厳格な寸法と考えるのは誤解なのではないかと考えざるを得ない。

　第2次世界大戦後に、建築生産の工業化の基礎にするため、モジュールを定めて寸法の単位を統一しようという世界的な動きがありました。日本には90cm近辺のモジュールがありますが、当時は関東のモジュールは90cmで、関西は96cmだと単純に捉えられていました。しかし調べてみたらいろいろなモジュールがあることが分かった。そういうことを真剣に議論して、どんなモジュールがよいのか考えていたのですが、結局アメリカとイギリスが参加せず、国際的な協調はうまくいきませんでした。TPPと同じで、有力な国は参加したがらないんですね。しかしその過程で、どの地域にも人間の身体をもとにした寸法の基準があり、それがだいたい30cm近辺だということがわかってきました。

　しかし実際に工業化のための基準寸法として採用されたのは、ヨーロッパは10cmで日本は90cmと、大きな開きができました。加えてイギリスとアメリカはセンチを採用せず、インチでやることになって、それが現代まで続いています。でたらめな混乱と思いましたが、最近はむしろこれでよいのだと思っています。モジュールは身体の寸法を元にしているということが大原則ですが、人間の身体寸法には地域ごとにある程度の差があり、日本人もどんどん大きくなっていますから、モジュールも地域や時代によって変わってよいのかもしれません。

和風建築はすべて増改築が自由か？

少し話がそれましたが、日本建築のフレキシビリティについて考えた過程で、僕が驚いたのは、合掌を下ろして和小屋にする民家の事例があるということです。調べていたのは福井大学の先生で、福井では棟上げや棟下しをやる農家が頻発しているということで、それを調査して論文を書かれた。そのなかに加藤さんというお宅の棟上げ——下ろすという言葉は縁起が悪いので、合掌を下ろすことを棟上げと呼びます——についての記録があります。

　もともとは六間取りの平面に対して合掌がかかっていましたが、お年寄りの隠居所、若い人の別居所、母屋という構成に変更されています。こういう構成に変える事情が当時あったのでしょうが、これだけの変更に合掌造は対応できないので、和小屋にするのだという。そこで初めて和小屋が増改築自在のカギを握っているのだということがわかりました。

10　1946-。建築史家。1969年東京工業大学卒業、同大学院進学。1974年に文化庁に入省し、出向先の宮内庁にて桂離宮の昭和の大修理に携わる。東京藝術大学教授、筑波大学教授、京都女子大学教授などを歴任。

合掌造りは、トラス構造と一緒ですが、和小屋は梁に束を立てて屋根をかけます。僕も学校で和小屋を習わなかったわけじゃないですが、若いころは建築家がやる構造ではないと思っていました。和小屋は非常にプリミティブな感じがあって、幼稚な構造だと馬鹿にしていたんです。若いころはトラスが好きでした。しかし複雑な平面の建物にトラス構造の屋根をかけようと思うと容易じゃないんです。頭の平らなトラスや三角のトラスの幅違いなど、いろいろなトラスが必要になってくる。トラスの計算をいったいいくつしなければならないのか。それよりははるかに和小屋の方が楽です。そう考えると、平面が複雑な建物にトラスを使わないことと、合掌を下ろしてしまうことは同じなんだとわかったんです 図7。

　新潟の渡辺家も原型は合掌造りです。隣に佐藤家住宅というのがあります。佐藤家は複雑な形をしていて、こんなのに合掌造をかけられるわけがない。それで増築するにあたって、一部を和小屋に変えています。いろいろと聞いた話を総合すると、合掌を下ろして和小屋にしたという例は非常に多い。にもかかわらず、和小屋を合掌造にした例はまだ聞いたことがありません。つまり結局、合掌造は平面計画に融通性がないということだろうと思います。

　そんなことを考えているころに、プレハブ住宅の展示場をつくっている現場を見かけて、屋根を見たらトラスなんて使ってないんですね。鉄骨で梁を渡してその上に束を立てている 図8。こうすればお施主さんがプランについて勝手なことを言ってきても、部品の種類を増やさないで対応できる。プレハブも最初はトラスを使っていましたが、和小屋化しているのだと思いました。そこで和小屋とはいったいどういうものなのかを調べてみたくなった。和小屋では束を立てますが、束が長くなると、貫をさして倒れないようにし、それを支える太い梁が見せ場になるのが和小屋の特徴です。ある意味では数寄屋に似ていて、梁の価値を高めるために必要以上に太い材を使っています。貫を必要以上に細かく入れて整然と見せることもあります。束は原則として格子に組んだ梁の上に立つ。この格子梁が平面に対応していますが、これを大工さんは地組と言います。地組があってその上に束を立てる。つまり地組は大工さんにとっての仮想の面で、その上に束があるということです。

トラスより和小屋

それでは和小屋のうまみとは何なのか。ひとつには寄棟屋根が簡単につくれることがあります。要するに梁をかけて束を立てればよいので、どんな平面にも対応できる。それを最初に指摘したのは飯塚五郎蔵[11]さんです。飯塚さんはMITで勉強してきた方で、横浜国立大学の先生をされていました。

11　1921–93。建築家、建築学者。1943年早稲田大学卒業。同大学院特別研究生を経て1950年横浜国立大学講師。1951年助教授、1966年教授。1987年昭和女子大学教授。建築一般構造（建築構法）、木構造を研究。住宅設計などにも携わる。

図7

図8

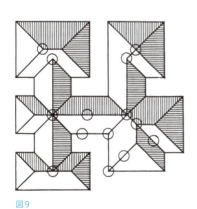

図9

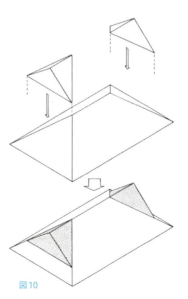

図10

図7 合掌造りを和小屋にした高級民家
図8 プレハブ住宅に採用された和小屋
図9 複雑な寄棟屋根のわずかな特異点
図10 寄棟と入母屋の関係

飯塚さんの著書の図がわかりやすく、合掌造やトラスでつくろうとしたらどれだけ手間がかかるか分からない平面でも、和小屋ならなんてことなくできてしまう。しかも雨が漏らないように、谷をなくすこともできる。それができるのは寄棟屋根だからで、寄棟屋根をつくるには和小屋だと都合がいいというわけです。

　これは寄棟屋根の役物[12]の数を数えるために僕がつくった図面です[図9]。8つの棟が集まっているところが特徴的です。僕は14だと思ったんだけど、深尾精一[13]さんが15あると言って、レゴの模型をつくってきてくれました。いずれにしても、寄棟屋根の役物は意外と少なくてすむ。トラスでつくろうとしたらたいへんな数になります。和小屋のよさはレゴでもつくれる、ですね（笑）。

　和小屋がもうひとつよいのは、外観が自由に操作できることです。入母屋造も難なくつくれる。入母屋は切妻屋根の妻面から庇を出してできる屋根ですね。ところが寄棟から入母屋をつくろうとすると話はもっと簡単で、棟の先端に三角形のアタッチメントをつけるだけでいい[図10]。この方法なら、屋根の下で柱がどこにあってもいいので、正面性が自由になる。その顕著な例が長野の善光寺です。善光寺の屋根には大きな唐破風[14]がついていますが、その下に柱がない。要するにこれもアタッチメントです。アタッチメントは側面にも付けられるので、そうすると正面性を自在に操作できるようになる。つまり入母屋屋根は、構造と無関係に造形を考えることができる屋根なんですね。住宅メーカーはこの原理を使って、いろいろなかたちの住宅をつくれるようになったわけです。

　そうこうするうちに、真壁造の軸組に和小屋を重ねたものが、いわゆる民家のシステムではないだろうかということに気づきました。三尺角が畳モデュールだとすると、このシステムでは基礎から屋根までを畳モデュールが貫通することになります。ここで坪単価の計算も可能になる。建て坪だけ押さえて、あとは2階建てか1階建てかがわかれば、コストが正確に算出できる。それが日本の民家のシステムなのでしょう。

12　部材や部品のうち、定尺品などの基本形以外のかたちをしたもの。隅部やコーナー部などの特殊な位置や特殊な用途に使用されることが多い。瓦を例とすれば隅瓦や谷瓦など。なお基本形のものは真物（まもの）と呼ぶ。
13　1949−。建築学者。1971年東京大学卒業、同大学院進学。内田祥哉に師事し博士号取得。1977年東京都立大助教授、1995年教授、2005年首都大学東京教授。建築構法やモデュラー・コオーディネーションを研究。
14　屋根の妻側に取り付けられる破風の形式のひとつであり、中央部がむくりあがり端部はほぼ水平な連続曲線を持つもの。「唐」とつくが中国由来のものではなく、平安時代に現れた日本独自の装飾。

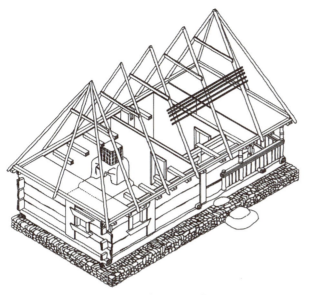

図11　北ルーマニアの民家の小屋組［画：太田邦夫］

和小屋のルーツ

ここまでで、和小屋が日本建築においていかに重要なものかはわかりましたが、そもそも和小屋はどのように生まれたのでしょうか？

　和小屋という言葉そのものは、それほど昔のものではありません。洋小屋という言葉に対して和小屋という言葉ができたはずですからね。ではそのときの洋小屋とは何か。後藤米太郎という技術者が書いた『学校建築講話』という本に、屋根の組み方には和式小屋組と洋式小屋組とがあると書いてあります。この本では洋式小屋組の方が近代的であるとされていて、構造の計算式や小屋組の種類について細かく書いてあります。また、洋小屋にはいろいろあるが、和小屋は1種類であると書かれている。つまり洋小屋とはトラス屋根のことで、これを相手に和小屋という言葉をつくったのでしょう。しかしヨーロッパでトラス屋根が使われるようになったのは17世紀以後ですから、それ以前のヨーロッパには和小屋があった可能性もあります。

　これは太田邦夫さんが専門なので、太田さんに聞けばわかりますが、自分でも調べたくなってヨーロッパに行くと、トラス以前の小屋組には日本で言う合掌造のような小屋組しか見当たらないんですね。日本の合掌は足下が梁にささっていて、スラスト[15]に対してはそこでふんばりますが、ヨーロッパの合掌は頂長近くに横に棒を1本入れてふんばらせていて、載せているだ

15　合掌やアーチなどの構造物のうち、足もとが水平面に対して斜めに接するものは、足下にかかる荷重が垂直成分と水平成分に分解できる。この水平成分の荷重をスラストといい、足下を外側に開く作用を及ぼす。

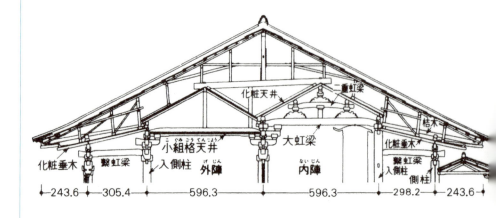

図12 《当麻寺本堂》の小屋組［出典：『建築設計資料集成10 技術』丸善、1983］

けですね図11。ヨーロッパの木造建築をあちこち見て回っても、合掌以外のものはどこにもありませんでした。フランクフルトあたりの街区型の高層木造住宅も同じなんですね。見ると合掌造の連続になっていて、蛇のように一体的に長くて折れ曲がる平面をした建物は宮殿など以外にないんです。そうすると、和小屋は日本独特のものだと思えてくるわけです。

これは当麻寺というふたつの棟を合わせて一棟にした建物です図12。日本は雨が多いですから、このまま放っておいたらふたつの軒が合わさってできた谷から雨が入ってどうにもならない。そこで、その上に和小屋を組んで勾配をひとつにまとめているわけです。こういうものを見て、ヨーロッパには雨が降らないことで、和小屋が発達しなかった理由ではないかと思うようになりました。

そこで、建築学会の『建築設計資料集成』の中に「和小屋の歴史」という章をつくり、広瀬鎌二[16] さんと鈴木嘉吉[17] さんに和小屋の発達を調べてもらいました。すると、法隆寺の時代からすでに、雨が漏る屋根の上に束立てして、勾配を増すことをやっているんですね。法隆寺伝法堂から後の時代には、必要なところに束を立てて、勾配を急にするものが見られるようになりますが、14世紀になると、束立ての間隔が均等になってくる。ここで、いわゆる畳モデュールに近くなってくるのです。19世紀の江川邸になると、現代の和小屋と同じになっている。いつからが和小屋でいつまでが和小屋でな

16 → 第1講・註21
17 → 第1講・註12

いとはいいにくいですが、鈴木さんは和小屋の完成は14世紀だといっています。束が整然に立つようになってからが和小屋だというのが鈴木さんの意見だと思います。

これで日本の和小屋の定義はできました。だけど外国に和小屋がないかどうかは依然としてわかりません。太田さんの研究は東南アジアに及んでないので、東南アジアにはあるかもしれない。私たちも東南アジアを全然見てないわけではないですが、東南アジアの寺院建築を見るかぎりは、和小屋のような単純な構造はどこにもありませんでした。

増改築の古典——桂離宮

和小屋は14世紀までさかのぼれたわけですが、改造の技術はどうか。間仕切りの移動をやったので古いのは桂離宮です。桂離宮は元々のかたちがわかっていませんでしたが、1982年に解体修理を行ったときに、齋藤英俊さんが1640年ごろの原型予想図を作成しています。解体した材木の継手仕口にほぞ穴が開いていたりするので、この材料はどこからかの転用であると予想できるわけです。それを調べていくと、さらに古い1620年の「かろき茶屋」と呼ばれていたころの姿が建立当初のかたちであろうと齋藤さんは予想しています。

この原型予想図と現在の図面を比較すると、柱と間仕切りが移動してプランが変わっていることがわかります。これこそ私たちが求めているオフィスの可動間仕切り風の壁の移動です。しかも外壁が動いている箇所もあります。痕跡もまったく残らない。畳にも隙間がない。オフィスの可動間仕切りだと柱をとると隙間ができる方が自然で、そこを埋める材料が必要ですが、このころは畳を敷けば隙間はできません。このときに屋根がどうなっていたかというと、和小屋なんですね。和小屋がうまいのは、束材は他の場所にも使えるところです。

桂離宮の一番奥の新御殿の桂棚[18]のあるところの屋根裏に水平に地組みが組んでありますが、これに束を立てていく。一般の庶民の家がここまでできていたかはわかりませんが、桂離宮の大工さんはやれていた。八条宮智仁親王[19]の思うままに、壁はあっちこっちと動かしていたことがわかりました。地組が断面を水平にすっと切っていて、そこに束が立っている。町家のフレキシビリティは、さかのぼると桂離宮までいくというわけです。

---

18 桂離宮新御殿の主室である一の間の上段（框により床を高くした座敷）に備え付けられた違い棚。18種の銘木を用いた棚板、地袋、袋棚が巧みに組み合わせられており、天下の三名棚に数えられる。
19 1579–1629。皇族、歌人。正親町天皇の孫。誠仁親王の第六皇子。八条宮家の初代。学問文芸の素養が高く造園の才にも恵まれ、貴族の別荘である別業として桂離宮を造営したため、八条宮家は後に桂宮と呼ばれた。

現代の和小屋1——
バルセロナ・パビリオン、クラウン・ホール

ところで、ヨーロッパに和小屋がないことはどうしても気になります。もしなかったとするなら、トラスの後に和小屋ができたとしても不思議じゃない。だからトラス後の現代に和小屋がヨーロッパのどこかにあるだろうと探しました。プレハブは軽量鉄骨の和小屋とも言えますが、ミース・ファン・デル・ローエはそれを重量鉄骨でやっています。そのオリジナルはなんといっても《バルセロナ・パビリオン》です図13。屋根に水平な鉄骨が入っている。日本は雨が降るから水平の梁に束を立てて勾配をつくりますが、ヨーロッパの場合は、雨が少ないので屋根勾配が不要で、これこそ和小屋ではないか。柱は適当に動かせるし、壁も水平力がかかっていないので動かせる。これを和小屋とはいえないかもしれないけど、天井と床が平らにできていて柱や壁が動かせれば、和小屋と考えることができるのではないか。その最初の例が、この《バルセロナ・パビリオン》だと思います。

ミースの事務所の後始末に関係していた高山正實[20]さんという建築家がいます。その人からある日「ミースが和小屋に興味をもっているから和小屋の話をしてくれ」と言われたんです。そこで私も確信を持って、ミースは和小屋を考えていたんだなと思いました。ミースの考えていた和小屋は、どちらかというとオフィスビルのようなもので、その前提となるものが《クラウン・ホール》です。大きな水平の梁をかけて無柱空間をつくるものですね。

現代の和小屋2——
ポーラ五反田ビル、水平格子梁プロジェクト

最近では、日建設計の無柱空間が和小屋の考え方で日建設計の無柱空間は歴史がはっきりしています。重要なのは林昌二[21]の《ポーラ五反田ビル》だと思います。コアを外側に出して中を無柱空間にしている。それ以来、林昌二にならって無柱空間をずっとつくっていくわけです。しかしこうした建築は「和小屋」とはちょっといいにくいでしょう。そこで「和構法」と呼ぶことにしました。

自分のプロジェクトでは《木造格子梁の実大組立て実験》で和構法に取り組みました。グリッド状の格子梁をつくっておいて、2階と1階で場所を変えた水平力を受けるパネルを置いて、これをラーメンではなく組積造風にただつなぐだけの構造です。これならば倒れないはずだろうということで、坂

---

[20] 1933−。建築家。1955年に早稲田大学を中退してイリノイ工科大学に留学。教授として教鞭を執っていたミース・ファン・デル・ローエに師事。その後SOMにて超高層ビルの設計に携わる。1993年シカゴにて事務所設立。

[21] →第2講・註18

図13　現代の和小屋《バルセロナ・パビリオン》

本功[22]さんにみてもらいました。そしたら「これなら売りに出せるかもしれない」と言ってくれたけど、売りに出すと破産するかもしれないからやめました（笑）。

現代の和小屋3──熊本駅西口駅前広場

和構法はおそらくだんだん普及していくだろうと考えています。すでに実作ができはじめているんじゃないかと網をはって待っていたら、《熊本駅西口駅前広場》が出てきました図14。これは今日来てくださっている小西泰孝さんの構造設計です。最低限の水平力を壁でもたせて、足りなくなった分の垂直力を柱でもたせている。これは和小屋の考え方です。和小屋で重要なのは、水平力に耐える材料を必要以上に使わないことです。また、この作品がすばらしいのはラーメンである必要がないところ。ラーメンは仕口が剛接合ですのではがせないんですね。そうなるとフレキシビリティという点では劣る。しかしこの作品は壁の転倒抵抗でもたせているわけです。転倒でもたせる場合、接合部は剛である必要はなく、簡単に止めておけばよい。そこがラーメンと違うところです。

22　1943−。建築学者。1963年東京大学卒業。同大学院に進学し博士号取得。1973年東京大学助教授、1989年教授。2006年慶應義塾大学教授。助教授時代の講座の教授は内田祥哉。戦後途絶えた木構造の研究にいち早く着手し後進を育成。

現代の和小屋4――日土小学校増築

次に紹介するのは《八幡浜市立日土小学校》です。旧校舎は日本で最初の戦後木造建築の重要文化財です。松村正恒[23]さんという豪快な方が設計者で、彼が設計した《新谷中学校》という建物を僕が高く評価して以来のお付き合いで、日土小学校についても僕が最初に記事を書き、その後、神戸芸術工科大学の花田佳明[24]さんが研究を始めて、2012年にワールド・モニュメント財団／ノール・モダニズム賞を受賞しました。この賞をもらったことで社会的に有名になって、あれよという間に重要文化財になりました。当初は、建替えの話が持ち上がったりもしましたが、増築し、既存建築を保存修復した後に重要文化財に指定されたのです。

この増築された新西校舎は、ひと目でわかるように水平力は壁で、垂直力の足りない分を柱で、柱には水平力をもたせないので上も下もピンでよい。壁も水平力を転倒でもたせますから上下ピンでよい。そして剛性の高い床スラブを敷くわけです図15。水平剛性はこの床の仕上材でもたせていますから、全体が和構法になる。これを構造計算したのは腰原幹雄[25]さんで、設計は武智和臣さんです。非常に開放的です。いわゆる壁構造というとRCの戦後のアパートを思い出しますが、あれは必要ないところまで壁にしている。これは水平力を最小限に支える部分だけが、室内に入って壁構造になっていて、残りの部分は全部柱ですから、日本の民家のように開放的です。2階建てまでならこの方法でいけるんじゃないかと考えています。壁構造とはまったく違う印象をうけますね。柱は窓枠の一部のようにみえる。これは和風の構造と一緒で、窓枠ですから目障りにならない。

さらに重要なことは、腐って耐久性が落ちたときに、ボルトを外して取り替えられることです。ほとんど半永久的にもつ。取り替えていけば1000年でも維持できるだろうというのが私の意見です。重要文化財の方だけではなく、こちらの方も評価してほしい。

現代の和小屋5――鹿島技術研究所本館

もうひとつは調布にある鹿島建設の《鹿島技術研究所本館》です図16。なぜこれが和構法かというと、スラブが30cm厚で無垢のコンクリートを使っています。昔はそれだけで単価オーバーだったけど、最近はコンクリートも鉄

23　1913–93。建築家。1935年武蔵高等工科学校（現・東京都市大学）卒業。土浦亀城の事務所に勤務後、農地開発営団を経て、終戦後は八幡浜市役所に入職。学校、幼稚園、病院などの設計に携わる。1960年事務所設立。
24　→第1講・註18
25　1968–。構造家、建築学者。1992年東京大学卒業、同大学院進学。構造設計集団（SDG）勤務の後、東京大学大学院で坂本功に師事し博士号取得。2001年東京大学助手、2005年助教授、2012年教授。木造建築の構造設計に多数携わる。

図14　現代の和小屋《熊本駅西口駅前広場》[提供：小西泰孝]

図15　現代の和小屋《八幡浜市立日土小学校 新西校舎》の現場写真 [撮影：武智和臣]

図16　現代の和小屋《鹿島技術研究所本館研究棟》[撮影：エスエス 島尾 望]

筋も安くなったから、30cmのスラブも可能になった。30cmのコンクリートスラブに鉄筋を入れているから水平剛性は非常に高い。それに柱と壁を付けるわけですが、それをボルトで止めています。すると、これも完全に取り替えられるものになる。近年、一体式のコンクリートが古くなったときにどうするかが問題になっていますから、コンクリートの部材が取り替えられるというだけでたいへん興味があります。しかも水平力は壁で受けて、垂直力は柱で受けている。そのために天井はダクトレスで床からも出しています。ただしこれを設計した米田浩二さんは、部材を取り替えられることまでは考えていなかったそうですが、僕は取り替えられると思っています。

《NEXT21》の外壁移動実験

最後に実験住宅《NEXT21》の壁移動の話です。これは設計当初から、外壁の移動を考えてつくられています。今だったらスラブをもっと厚くして剛性を高めて、柱くらいは動かせるようにできたんじゃないかと思いますが。

竣工時に比べ、4階の外壁が移動しています図17。空中に張り出した部分なので、足場なしでもできるように設計では考えていたと言われています。僕はあまり信じてないんだけど、そういうことならと大林組が納得してくれたようで、足場なしで外壁移動工事ができました。日本で、アパートの外壁移動をやった例は過去にないと思うので、大阪府が何を言うかと思ったら、すぐに申請を通してくれました。これを一緒に設計していた、巽和夫[26]さんと高田光雄[27]さんの威力にもよるんですが、面積が同じなら増築じゃないからよいということのようです。

《NEXT21》では、さまざまな変化に対応しながら100年以上もたせるために、「モデュラー・コオーディネーション[28]」を使っています。耐用年数が短いものを取り替えられるようにしようということで、躯体は50〜100年、外壁は25〜50年、開口部は25〜50年、インフィル[29]が12〜25年、設備が6〜12年はもつような構造を考えています。動かせる外壁と開口を指すクラディング[30]というのは新しい概念で、今までの壁構造の住宅は外壁もスケ

26　1929-2012。建築学者。1953年京都大学卒業後、同大学院進学。建設省建築研究所などを経て、京都大学大学院で西山夘三に師事し博士号取得。1966年同助教授、1968年教授。1993年福山大学教授。建築生産論やハウジング論を研究。
27　1951-。建築学者。1975年に京都大学卒業後、同大学院に進学し巽和夫に師事。同助手、助教授を経て2004年教授。2017年京都美術工芸大学教授。ハウジング論を研究し、数々のハウジングのプロジェクトにも携わる。
28　設計に用いる寸法を体系的に整理し、建物および部品・部材の寸法関係を適切に調整すること。寸法調整。通常は基本となる寸法から展開した寸法群（モデュール）を用いて行う。部品の互換性が高まるなどの効果がある。
29　内装のこと。狭義には集合住宅における内装および住戸内設備を指し、構造躯体および共用設備を意味するスケルトンと対をなす。スケルトンとインフィルを明確に分離して計画するとインフィルの互換性が向上する。

図17 《NEXT21》の外壁移動実験（左：移動前、右：移動後）［提供：深尾精一］

ルトンですが、外壁をスケルトンから外してクラディングにしたのが大きな特徴です。インフィルはすでに10戸くらい改造しています。配管・配線設備などは取り替えられるようになっています。

最近、配管・配線設備が取り替えられるようになっている建物を見る機会が増えています。日建ハウジングシステムの《大倉山ハイム》は、配線配管設備が全部取り替えられるようになっていました。団地に電線もなければ電話線もない。ガス管水道管を含めて地下の共同溝[31]に集約している。非常に模範的な建築だと思いました。

もうひとつ、福永博建築研究所がつくった《300年住宅》というのがあります。300年もつかどうかはわからないけれど、そこも共同溝がしっかり整備されていて、縦配管から樋に至るまで孔がふたつ開いていて、片方が腐ったら取り替えられるように、部品交換まで考えられています。

30　スケルトン・インフィルのいずれにも該当しない部品や部材を示す語として《NEXT21》の設計時に考案された概念であり、非構造で移動や交換ができる外周壁を構成する部品群のこと。本来は躯体を被覆する外装の意味。

31　電気、電話、水道、ガスなどのライフラインをまとめて道路などの地下に埋設するための設備。道路の掘り返しを抑制するとともに、ライフラインの点検を容易にすることができる。

討議

構造の決め方を決める

小西 《熊本駅西口駅前広場》が和構法だというご指摘は、じつは最初ピンときていませんでした。しかし内田先生のお話を聞いて、設計プロセスも含めてまさに和構法的にやっていたんだということがよくわかりました。《熊本》の屋根はかたちが不定形なのですが、2.025ｍピッチで格子梁を組むという非常に変わったモジュールを設定しています。屋根の鉄板の製作寸法のモジュールが非常に微妙な刻みとなっており、その寸法に合わせたグリッドをまずつくって、そのグリッド上であればどこにでも柱を立てていいというルールを設定しました。

門脇 《熊本》は材料の鉄板からモジュールが決まって、そこからグリッドを生成したそうですね。

小西 そうです。まずは材料取りが効率的なモジュールをつくりました。将来的にも、この約２ｍのモジュールに乗っていて、かつ無理のないスパンであれば、柱はわりと自由に置き換えられる。さらに地面から屋根まで伸びている壁を構造壁としています。完成後に柱を動かせることも大事ですが、設計の段階でも、建築家は柱をあちこち動かそうとするので、この考え方は有効でした。結果、スパンは10ｍ以内を確保したうえ、グリッド上なら好きに柱を立てられるやり方が可能になりました。これは在来木造の壁量計算のようなもので、量さえおさえれば配置は自由でよいという考え方です。そういう意味でも、ルールのつくり方自体が和構法的だったなと思います。

門脇 設計時に柱が動くのは、いろいろな意見を言う人がいるからですか？

小西 そうですね。結局、柱の位置は構造の都合だけでは決まりません。屋根の開口の位置にも合わせないといけないですし、屋根の下の水場との関係を考える必要もある。つまり構造の合理性だけでは決められない。そうした場合は、構造の決め方を決めてあげる方法をとります。

内田 屋根の水平剛性を担保するため、柱の位置が決まってから補強材を入れるようなことはなかったのですか？

小西 スパン10ｍ以内で必ず柱を立てておけば、補強は必要ありません。
　ただ、和構法はジョイントをピンでつなぐべきだというお話がありましたが、《熊本》では部分的に柱と梁を剛接合にしています。どうしても壁だけでは水平力を負担できない部分があって、そこは柱と梁でラーメン構造をつくって解決しています。和構法の考え方からはズレますが、鉄骨造はラーメン構造がつくりやすい構造なので、和構法を拡張した解き方として有効だと考えています。

設計図のフレキシビリティ

小西　鉄骨やコンクリートで設計をするときには、和構法をやっているという意識はありませんでしたが、私は根本的な設計の勉強を内田先生の構法の教科書から始めましたし、独立したてのころは木造住宅の設計や改修の仕事がたくさんあったので、まさに柱を動かすことを考えるわけです。そうした経験が、鉄骨造やRC造の設計にも無意識につながっているのかなと、お話を聞いていて感じました。

門脇　最近の設計全般に言えることですが、設計途中にいろいろな人がいろいろなことを言うので、設計時のフレキシビリティが非常に重要になってきています。とくに公共事業では顕著ですね。コンペ案で大筋は決まっているのだけど、実際の設計となると調整が必要になる。そうした場合、設計のルールを決めておくのはとても大事だろうと思います。

内田　実施設計のときに柱を動かせるというのはよいかもしれないね。木造は本当によく動かせますよ。

門脇　今日の内田先生のお話は、建物が建った後のフレキシビリティが主でしたが、今の設計者にとってより切実なのは、おそらく設計時のフレキシビリティです。内田先生から和構法の話を最初に聞いたときに思い出したのは、ブルーノ・タウト[32]の逸話でした。タウトが桂離宮を褒めたことは有名ですが、一説によれば、タウトが褒めたのはよくいわれている立面のコンポジションではなく、左右非対称なプランだったそうです。当時はヨーロッパでモダニズムが始まろうとする時期で、左右非対称のプランが試みられた時期でした。内田先生のお話にもあったように、ヨーロッパの屋根はすべて扠首組（合掌造）ですから、それ以前のプランは全部左右対称でした。パルテノン神殿なんてまさにそうですね。あれも小屋は扠首組を模している。事実、ブルーノ・タウトはヨーロッパで2番目くらいに左右非対称のプランを試みた人らしく、それで桂を見てわが意を得たり、と思ったそうです。そう考えると、和小屋は設計時のフレキシビリティという点でも有効です。だから日本建築は、地形に応じて自在にプランを展開することができる。

内田　だいたい外国の有名な建築はみんなシンメトリーですね。モダニズムになってからシンメトリーを崩していくんだけど、そういう意味でも桂離宮は先駆的ですよ。

門脇　《バルセロナ・パビリオン》のプランはまさにアシンメトリーですね。柱は左右対称に並んでいますが、壁でその構成を崩そうとしていて、確実に空間として非対称的なものを狙っている。それは日本建築が当時のヨーロッパの建築界に与えた影響のひとつかもしれません。

32　1880–1938。ドイツの建築家。建築学校卒業後、1909年事務所設立。第一次大戦後は住宅公社勤務。1930年シャルロッテンブルク工科大学教授。ナチス政権下で日本に亡命後、1936年トルコに渡りイスタンブール芸術アカデミー教授。

構造を決めることは構造の決め方を決めていくこと

戸田　最初に金春さんの能の話がありました。能という空間の中では演者ですら取り替え可能だという話でした。そのような非人間的な空間の成立のさせ方を、能が考えていたそのラディカルさには驚きました。
　　　これは小西さんにも伺いたいのですが、内田先生が紹介してくださった和構法の現代的な実例は、最近のものが主でしたが、和構法的な考え方・アプローチが構造設計の中で一般化してきたのはいつごろでしょうか？

内田　木村俊彦[33]が早かったんじゃないでしょうか。大髙正人[34]の《千葉県立中央図書館》ではそういう設計の仕方をしていたんじゃないかと、今さらになって思いますね。《佐賀県立博物館》を設計していたときは、ある間隔で柱を入れなさいと言われていた記憶があります。ただ、木村俊彦もぎりぎりの計算をするのが好きな人だから、設計図がある程度できたあとに柱を動かすというと、目の色を変える（笑）。

古森　最近のプロポーザルでは、「後でどうにでも対応できます」というプレゼンをしないと、発注側を説得できません。構造にも設計側がそのように要求することがあります。

小西　たしかにそうですね。昔のコンペであれば、その案が構造的に成立すると審査員に確信を持ってもらう、それが構造設計者の役割でした。ところが最近は、いかようにも後で変更できるようにしておかないと、途中でプログラム自体が変わることも多いから、まったく対応できなくなる。構造種別もひとつには決めず、鉄の場合と木の場合のふたつの案を出すことさえあります。そういう意味で、物理的な強さだけではなく、どのように変更しても成立する懐の深い構造システムをつくっておくことが重要だと感じています。今では構造を決めるということは、構造の決め方を決めていくことなのです。

戸田　そうした変化はいつごろあったと感じていますか？

小西　やはりここ15年くらいじゃないですかね。市民参加型でやるとなると、やはり途中でいろいろな要求が出てくる。

門脇　剛な床で無梁版構造[35]をつくり、内部は自在できるという考え方は、僕の感覚としては90年代後半から2000年代に一般的になった気がします。免震技術の一般化との関連もあるかと思います。

小西　免震は影響していると思います。免震を採用すれば、柱の位置どころかコア

---

[33]　1926–2009。構造家。1950年に東京大学卒業後、前川國男の事務所に入所。前川と協働していた構造家である横山不学の事務所に1952年移籍。1964年事務所設立。著名な建築家と協働し数多くの名建築の構造設計に携わる。

[34]　1923–2010。建築家、都市計画家。1947年東京大学卒業、同大学院進学。1949年前川國男の事務所入所。1960年メタボリズム・グループ結成。1962年事務所設立。建築設計のみならず多摩ニュータウンなどの都市・農村計画に携わる。

[35]　フラットスラブ構造とも。2方向以上に配筋された鉄筋コンクリートスラブを、梁を介さず柱に緊結する構造形式。スラブと柱の接続面を確保するため柱頭を広げることが多く、柱がマッシュルーム形状になる場合もある。

の位置もどこでもよくなるわけですからね。通常はコアの位置がずれているとねじれが生じてどうにもなりませんが、免震構造にするとねじれは免震層でとれるので、平面はかなり自由になります。

門脇　すると、内田先生が予言していたように、現代建築はプランと構造が必ずしも一致していなくてもいいという、日本建築的な考え方に近づいているといえますね。どこでも正面がつくれる寄棟の話も非常におもしろかったです。

和構法とは何か

門脇　プランが自由になる和構法で、窓の位置づけはどうなっているのでしょう？
内田　《霞ヶ関電話局》では、上の階にいくにしたがって柱が細くなって開口が大きくなるという構成をやりました。
門脇　伊東豊雄さんの《TOD'S表参道》はまさにそういう考え方ですが、《せんだいメディアテーク》も和構法的です。そうした作品の登場によって、全体の意識が変わったような気もします。
　これまでにもドミノ・システム[36]のようなものがありましたが、ドミノは柱梁が剛接で柱は動かせないので、そこが和構法と違うような気もします。
古森　そうなると、和構法とは何なのかという定義を考えないといけないですね。
内田　ラーメンにしようかトラスにしようかという話に、材料の違いは関係ないでしょう。それくらい幅広く考えないと、構法の選択は既存のものに引きずられてしまう。だから和構法は木造とは関係ないでしょうね。ぜひ皆さんに考えていただいて、それが僕の考えと離れてくれれば、新しい研究のテーマがひとつ生まれます。ただ、和構法は高層建築にはむかないかもしれません。高層建築は無柱空間でどこまでできるかというものですからね。
門脇　増築自由というのがひとつの鍵ではないでしょうか。《クラウン・ホール》はかたちがリジッドで、増築を許容するようなものではない。増築と改築がごちゃごちゃになって、全体のかたちも変わってしまうようなものが和構法の真髄かもしれません。皆さんの宿題にしましょう。
辻　和小屋は日本の大工なら誰でもつくれる簡単な構法だという話がありました。誰でもつくれるほど簡単なことと、建築家がやらなきゃいけないことの境界がどこなのか、現在の状況の中で考えてみたいと思いました。
　一方で、和構法は簡単かどうかというよりも、建築する上でごく普通の構法ではないかという気もしていますが、その普通さが日本建築の特殊性に寄与しているとも感じられておもしろい問題だと思いました。
門脇　最近の建築家は屋根をつくるようになったけど、棟はびしっと通しますよね。あれはすごく建築家的だと思っているのですが、今日のお話を聞いて、棟な

36　ル・コルビュジエが提唱した鉄筋コンクリートの構造物。
水平なスラブとそれを支える最小限の柱、各階へのアクセスを可能とする昇降装置を
構成要素とした、住宅建設のためのフレキシブルな構造ユニット。

んて通ってない方が建築としては自然なんじゃないかと思いました。

内田先生が、和構法は町家のフレキシビリティだとおっしゃったことがすごく大事なんでしょうね。決して書院や数寄屋や城のための構法ではない。庶民の構法です。

和構法の今後と課題

古森　町家のフレキシビリティは、町に大工さんがいて、つねにメインテナンスをしてくれる状況が前提で成立していたのだと思います。一方で現代は、つねに寄り添って住宅を見てくれる大工さんがいなくなってしまっている状況ですが、そのような中でこれから町家のフレキシビリティをどう担保していくか、考えていきたいと思います。こうした状況ですと、柱や壁を大工さんが動かすのではなくて、住まい手自身が交換可能な部分をどうつくるかが必要なのかもしれません。場合によっては、構造自体をユーザーが取り替えられるようなつくり方が可能なのかを考える必要があるかもしれない。そのあたりが和構法の今後に重要ではないかと思います。

内田　おっしゃるとおり、いろんな問題が山積しているんですね。なんでもやれるようにすることは、つねに危ない方向へ転ぶ可能性があるということで、柱を取り替えるといっても、柱を減らしていいはずはないし、数さえ合えばよいという話でもない。それをきちんとクリアしなければならない。

フレキシビリティを阻害する要因で一番問題なのは法律だと思っています。旧38条[37]で許可された建物の改修工事をどうしたらいいのか。建築主事さんが見てもわからないような38条の許認可に増築するとなると、じつは増築部分が柱の根っこをラーメン化してしまい、全体の性能が変わってしまうといった問題が生じる。

今ではプレハブの改修も許可さえもらえば町の工務店がやってよくなったと聞いていますが、実際は容易じゃない。そういう点をもう少し根元から解決していかないと、これからは改修の時代ですから、改修では儲からないとハウスメーカーが海外に出ていってしまう。

門脇　たしかに現代の法律は非常に複雑です。70年代くらいに建築家が設計した住宅の実施図を見ると、「これなら大学を卒業したての人でも設計できたんだろうな」と思うくらい簡単ですが、今は法律が要求することが高度になって、完全にそういう話ではなくなっている。住宅1軒設計するのも相当にたいへんで、自由に考えながらつくることが非常に難しくなってきている。自由につくるにはそれなりの検証を経たお墨付きが必要で、しかし小規模な建物ではコストが合わないからできないとなる。今後の課題ですね。

37　建築基準法第38条。建築基準法はもともと建築物の仕様を規定していたため、第38条として新材料や構法などを認める例外規定が存在した。建築基準法の性能規定化に伴い2000年改正で削除されたが2016年改正で復活した。

内田祥哉 窓と建築ゼミナール
（2016年2月27日）

4

戦後木造建築

図1　終戦直後の日本の都市の状況［出典：National Archives and Records Administration］

戦後木造建築

今日は私が20歳で大学を出たあとに、しばらく木造建築を設計していたときの話をしようと思います。

　戦後間もないのころの木造建築は、焼け野原のなかで大量に建てられました図1。当時、住宅は420万戸も不足していると言われていましたが、鉄もセメントもガラスもない時代です。そういう状況でしたから、復興の最初の段階では瓦礫を材料にしてバラックがつくられました。その後、山から木材が供給されるようになり、ようやく木造住宅がつくられるようになる。住宅以外も木造で、戦後最初期では、有楽町にあった木造映画館《スバル座・オリオン座》や、前川國男[1] さんが設計された《紀伊國屋書店》が有名でしたね。《紀伊國屋》ができたときには、ようやく建築らしい建築ができたなと思いました図2。というのも、《紀伊國屋》は木造らしくない姿をしている。一方、谷口吉郎[2] さんの《藤村記念堂》や吉田鉄郎[3] さんの《逓信省灯台寮》は木造らしく、和風のデザインです。それに対して、前川さんや丹下健三さんは

1　→第1講・註9
2　1904–79。建築家。1928年東京帝国大学卒業。1929年東京工業大学講師、1930年助教授、1943年教授。戦前はモダンデザインの作品を発表したが、戦後には日本の伝統文化をにじませるデザインを手がける。
3　1894–1956。建築家。1919年東京帝国大学卒業、逓信省入省。様式論争以来の課題であった近代的な材料・構法と日本的なデザインの一致を作品により成し、逓信建築を先駆。第二次大戦中に逓信省を辞す。1949年日本大学教授。

図2 戦後の木造建築《紀伊國屋書店》［出典：『新建築』1947年8-9月号］

　和風でない木造をめざしていた。木造でありながら鉄筋コンクリート造のようなデザインにするのは、当時の流行でもありました。
　そのころに私も逓信省に入省して、木造建築を設計していました。当時の構造システムは、1942年に大蔵省（現・財務省）にできた「建築研究室」によって開発されたものでした。同じころ、『建築設計資料集成』の編集長をやっていた藤田金一郎[4]さんを中心に、竹山謙三郎[5]さん、松下清夫[6]さん、久田俊彦[7]さんなどの学者が集められて、木構造の計算基準がつくられています。当時は戦時中ですから、資材がなく飛行機の格納庫もつくれない状態だった。鉄を使わないで格納庫をつくるという発想で、木造の設計基準をつくったのです。しかし戦後になると、飛行機の格納庫はいらなくなって、今度は学校が必要になってくる。この設計基準をもとにして、文部省が学校建築の標準設計をつくり、それがオフィスビルや病院、劇場など、さまざまな

---

[4] 1902-87。建築学者。1926年東京帝国大学卒業、大蔵省入省。1948年建設省設置に伴い発足した建築研究所の初代所長に就任。東北大学教授、東北工業大学教授を歴任。建築の不燃化や都市の防空・防火を研究。
[5] 1908-86。建築学者。1932年東京帝国大学卒業、大蔵省に入省。1946年建設省建築研究所、1955年同所長。東京都立大学教授、鹿島建設技術研究所所長、日本女子大学教授を歴任。建築構造学、特に木構造を研究。
[6] 1910-2003。建築家、建築学者。1935年東京帝国大学卒業。同営繕課を経て、1943年助教授。1948年東京大学教授。教授時代の講座の助教授は内田祥哉。1970年東京理科大学教授。一般構造、木構造、免震構造などを研究。
[7] 1914-88。建築学者。1938年東京帝国大学卒業、大蔵省入省。1966年建設省建築研究所所長。1969年鹿島建設技術研究所所長。1981年鹿島建設常任顧問。建築構造学を幅広く研究したが、第二次大戦後は木造住宅の構造について研究。

図3 《篠山市立篠山小学校》[提供:花田佳明]

木造建築の下地になる。

　このころの木造建築は、今と違って意匠設計者が構造の図面まで描いていました。そうしないと庇の先の納まりや階段が設計できない。構造屋さんは部材の太さだけを決めて、それをどう組み合わせるかはわれわれ設計者が考えるんです。みんな一所懸命やっていましたから、当時の逓信省の庁舎は、外の庇の軒天と内部の天井の位置がピッタリ一致することが特徴です。学校建築の標準設計は、もっと合理的というか自然的というか、天井が軒天より低い普通の設計になっています。

　ところで、戦後すぐの木造の学校の中には、保存されているものも少数ですがあります。丹波篠山の《篠山小学校》は、花田佳明[8]さんが全体をみて、腰原幹雄[9]さんによる構造設計で耐震補強され、立派に残っています図3。校舎の間に中庭をはさんだ配置が貴重で、同様に中庭をもった校舎が健全に保存されているものとして、《松本高等学校》があります。

　一方で、逓信省の木造建築はほとんどなくなっています。僕が好きなのは小坂秀雄[10]さんの《仙台地方簡易保険局》です（p.021）。ガラス割がとてもきれいで、欄間がその下のガラス戸のちょうど半分に割られている。寸法も当時のガラスの規格に合わせていて、ガラスを無駄に切らずにすむ設計です。

　僕たちはこういう建物の図面を毎日精力的に描いていました。だけど、なんとなく寂しかったですね。いつまで木造建築をやらなければならないのか、

8　→第1講・註18
9　→第3講・註25
10　→第1講・註17

このまま一生木造で終わるのかと。ヨーロッパやアメリカを見ると、鉄筋コンクリート造の本格的な建築がどんどんできているのに、われわれは時代遅れになりはしないか。そういう気持ちがありました。

鉄筋コンクリート造の発達

鉄筋コンクリート造は日本では無理だと思われていた矢先に、朝鮮戦争が起きて、1949年には鉄筋コンクリート造ができはじめるようになりました。当時の構造図を見ると、壁厚は18 cmしかなく、鉄筋はシングル配筋のものもありましたが、それまでの日本は木造しかやってこなかったわけで、それでもこんなに丈夫なものはないと考えられていた。今でも発展途上国では鉄筋コンクリートに対して、それに近い感覚があると思います。

当時の日本では、木造に比べて丈夫で燃えないというので、鉄筋コンクリート造が一挙に普及しました。しかし当時の建物は、現代の鉄筋コンクリート造とは比較にならないくらい脆い構造でした。ごく最近、昭和7年にできた鉄筋コンクリート造の蔵を見せてもらいましたが、この蔵は壁厚が7 cmでシングル配筋でした。この時代の鉄筋コンクリートはもうほとんど残っていないので、保存しましょうということになり、試験をしたところ、中性化が90％も進行し、中性化層が壁を貫通しているといわれたそうです。1949年のコンクリートも同じようなものでした。

しかし、その8年後の1957年には山田守[11]の《長沢浄水場》ができ、翌58年には菊竹清訓の《スカイハウス》、59年にはル・コルビュジエの《国立西洋美術館》ができあがり、鉄筋コンクリート造は一挙に増えました図4。ただし、日本の鉄筋コンクリート造は、ヨーロッパやアメリカとは違って、大工さんが型枠を現場でつくります。現場で型枠をつくるということは、つまり木材で建物のモックアップをつくるようなものです。いったん大工さんが建物全体のかたちを木でつくったうえで、コンクリートを流し込んででき上がる。大工さんが一所懸命働いていた結果、鉄筋コンクリート造がどんどん増えていったというわけです。

都市不燃化と木造禁止

そしていよいよ1959年に、日本建築学会の近畿大会出席者500名の満場一致により、木造禁止が決議されます。当時の東京は、新丸ビルが半分建ち、東京駅の八重洲口にもビルができて、鉄筋コンクリートがどんどん増えてい

11　1894–1966。建築家。1920年東京帝国大学卒業。在学中に分離派建築会を結成。卒業後、逓信省に入省。欧州の近代建築運動に影響を受け逓信建築を担う。終戦を機に退官し事務所設立。東海大学の設立に関わり1951年理事兼教授。

図4　戦後初期の鉄筋コンクリート造建築《長沢浄水場》
［出典：内田祥哉編『現代建築——写真集』共立出版、1968］

ました。木造しか建たない時期とは雲泥の差で、このころの日本の勢いはすごかったですね。にもかかわらず、阿佐ヶ谷や荻窪の一帯には木造が密集している。都市計画家は、そうした地域でふたたび大火が起こることを心配していました。高山英華12 先生はこのあたりに住んでいて、「都市計画家がこういう場所に住んでいていいのか」とよく言われていました。多くの人が心配し、もし都市火災が起きたらどうなるんだと世論も盛り上がりました。

都市全体が火災になる都市火災は、ただの火災とはまったく違います。一帯が火災に包まれて、火の粉が飛んで次々と発火地点が増えていく図5。熱もすごいですから、輻射熱だけで燃え移り、たとえば隅田川沿いで都市火災が起きると、対岸にまで火がつきますし、川を歩いて渡ろうとしている人の荷物にも火がつく。ですから、そういう場所の住宅をなぜ鉄筋コンクリートでつくらないんだという話になり、木造禁止の決議が出されたわけです。都市火災は要するに、原子爆弾に匹敵するくらい恐れられていました。

1959年は伊勢湾台風が来た年でもあります。伊勢湾台風は都市火災には直接関係ありませんでしたが、伊勢湾の南沖から紀伊半島に接近して、毎時70kmで本州を横断した。愛知、三重、岐阜の三県をはじめとして大きな被害を与えました。これを機に、専門家を集めた対策委員会が設けられて、建築の研究者も参加しました。建築学会での決議はこれを受けたもので、ここで決まったのは次のような項目です。

12　1910–99。都市計画家、建築家。1934年に東京帝国大学卒業後、未開拓分野であった都市計画を専攻し、内田祥三の下で内田祥文らと満州国の都市計画に参画。1938年東京帝国大学助教授。1949年東京大学教授。都市計画学を創始。

図5 木造密集地域を襲った都市火災［提供：朝日新聞社］

1. 治水・防潮に関する対策[13]
2. 地盤沈下に対する対策
3. 地滑り・土砂崩れ対策
4. 防災都市のための用途地域、道路交通、上下水道等の検討
5. 都市開発手法による防災計画の実現
6. 建築物及びその他の構造物の構造制限
7. 火災・風水害防止のための木造禁止
8. 耐震構造の励行
9. その他上記各項に関連する事項

この中で、7番目が唐突でしょう。要するに、木造を良くないと思っている人が、伊勢湾台風にかこつけて決議の中に入れたとしか思えない。この決議は新聞各紙に報道されて、各研究機関にも檄が飛ばされたわけです。このことが、長いあいだ戦後の木造建築の足かせになっていきます。木構造の研究者の杉山英男[14]さんは、亡くなるまで「あの決議さえなければ」と言っていたそうです。

---

13 津波対策は入っていなかった。
14 1925-2005。東京大学卒業。1953年明治大学講師、1960年助教授、1964年教授。1973年東京大学教授。日本建築学会の木造禁止決議後も木構造の研究を継続し、木質プレハブ構法、枠組壁（ツーバイフォー）構法の普及に貢献。

図6　現場打ちコンクリートでつくられた《香川県庁舎》
[出典：内田祥哉編『現代建築——写真集』共立出版、1968]

木材資源の枯渇と復活

このころに日本の木造が絶えたのにはもうひとつ理由があります。木材資源が枯渇したのです。この理由は木造建築をたくさん建てたからだと思っている人が多いですが、大間違いだと思います。木材資源が枯渇したのは木造建築のためではなく、鉄筋コンクリート造の型枠のためだと僕は考えています。今は見渡すかぎり鉄筋コンクリート造の建物が建っていますが、型枠は全部大工さんが現場でつくっています。その木材量はたいへんなものです。そのことをみんな見逃しているんですね。日本の鉄筋コンクリート造は、現場で木製型枠を手づくりしますが、これは日本だけです。日本には優秀な大工さんがたくさんいたので、現場で型枠をつくることができた。しかも初期の杉板型枠などは、できあがったコンクリートに美しい木目が出る魅力がある。国産材を使った打ち放しは非常にきれいです。1959年にできた丹下さんの《香川県庁舎》も、大工さんが現場で木の型枠をつくっていたなんて、ヨーロッパの人たちには想像もつかない話です図6。そういうわけで、日本のコンクリート打ち放しは世界的に有名になった。しかし、建物と同じ大きさの型枠をつくっているわけですから、材木がいくらあっても足りない時代がやがてくるわけです。ニュータウンの団地だって全部木で型枠をつくっているわけです。それをどうしてみんな忘れてしまったのでしょう。こんなに木材を使えば、日本の森林資源が底をつくのは当たり前の話です。

　ですから、そろそろ木材資源がなくなるぞとなったときに、政府はコンクリート型枠用の合板の研究を始めます。日本の木材が枯渇しかけているので、木材を輸入しなければならない。その時代には合板が安くなってきていたの

図7 合板型枠が用いられた《石亀邸》[撮影：村井修]

で、合板を輸入して、型枠をつくりコンクリートを打つ。ただ、合板の肌と杉や檜の肌とでは吸水率が違いますから、合板型枠を使ってコンクリートの強度が変わりはしないか、そうした研究が始まりました。加えて、それだけでは終わらずに、次は実際に合板を生産してみるわけです。外国からラワンの丸太を買ってきて、皮を剥いて合板にする。すると外国は「丸太を売っているのにどうやら向こうでは合板をつくっているらしい、だったらこっちで合板をつくって売った方が高く売れるんじゃないか」と考え、もっと安い合板が輸入されるようになる。そのうち建築家の中にも、輸入合板の型枠を使いたい人が出てくる。1967年の鈴木恂[15]さんの住宅《石亀邸》はそのかなり早い時期のものだと思います図7。おそらくこのころは合板型枠のコンクリートの方が格好いいと思われていたんじゃないかな。

しかし官庁建築では好き嫌いは言っていられません。《東京工業大学緑が丘キャンパス》には、同じ設計の建物が2棟建っています。1号館と3号館で、1967年に1号館が、1973年に3号館が建てられました。それぞれ間取りはまったく同じなのに、1号館は柱が檜の型枠でできていて、擁壁は内地材による26のパネルでできています。ところが3号館は合板型枠でできています。これはつまり、この間に日本の木材が枯渇した証拠として確定できるだろうと思います。官庁建築も、輸入材の型枠を使わなければならなくなったのが1970年前後だと考えています。それ以後、日本では外国産の合板でしか型

15　1935−。建築家。1959年早稲田大学卒業、同大学院進学。吉阪隆正の事務所を経て1964年事務所設立。1980年早稲田大学教授。2001年早稲田大学芸術学校校長。1960年代から70年代にかけて打ち放しコンクリートの表現を追求。

枠がつくれなくなります。かつてラワンの丸太を輸出していた人たちが、合板にして付加価値を上げてから輸出しはじめる。同じ考え方で、「合板を輸出するくらいなら、家にして売った方がよいじゃないか」となり、2×4住宅を輸入しようという流れも生まれ、アメリカは大統領まで持ち出して、日本に2×4住宅を売りにくるわけです。日本の林業はそれにすっかりやられてしまった。

　しかも、木造建築は危ないと考えられていましたから、鉄筋コンクリート造とは違って、木造建築には補助金がつかない。そういうわけで、日本の木造建築は都市の郊外と農山漁村の戸建て住宅だけになってしまう。この状態は長期にわたりましたので、木造は衰退します。国産材の流通経路が遮断されて、材木屋もほとんど潰れてしまった。木材市場が縮小し、大学からも木構造の講義が消える。ついには関西以西の大学には木構造の研究者がいなくなり、木構造の先端技術も先進国から二十余年遅れる。こういう状況になってしまったわけです。

「木造建築研究フォラム」の発足

そうした状況を受けて、1986年に「木造建築研究フォラム」が発足します。これは私が提案したものですが、やはりこういう動きはどん底にならないと成立しないんですね。日本の木構造に関係する主要な専門家が全員集まってくれました。建築士や歴史家、構造家などです。当時、まだちぐはぐだったのは建設省と農林省でした。木材の規格が互いに違うので、まったく話が合わなかった。そういう人たちですらも、これだけ木材がやられてしまっては困るということで参加してくれました。これがどのくらいの役割を果たしたのかはわかりませんが、いまでも「NPO木の建築フォラム」として受け継がれています。

　その後、日本の森林資源も復活するわけですが、そのとき何が起こったかについてお話しします。森林資源が復活したときに、もともとの日本の木造建築も一緒に復活したのなら問題はなかったのですが、そこでヨーロッパの木造技術が丸ごと取り入れられる事態が起こります。森林資源が復活して、最初に国産材を使ってつくられた大規模建築が、1988年にできた熊本の《小国ドーム》図8 です。しかし、これを見た日本人は「これは鉄骨造の考え方じゃないか」と言う。木はまっすぐな線材にしか使っていなくて、ジョイントは全部鉄でできている。であれば、線材も鉄パイプを使った方が安いんじゃないかと批判されました。いずれにせよ、ヨーロッパの技術を取り入れた木造建築だったわけです。つまり、接合部で木と木が直接くっつかないで、必ず鉄を入れるんですね。ヨーロッパの木造建築は今でもそうですし、日本でも集成材を使うとこういう具合になります。

図8 《小国ドーム》

和風継手

これはどうもおかしいと考えて、実行したのがアルセッド建築研究所の三井所清典[16]さんです。群馬県にある農林省の研究所にアルセッドが設計した《森林技術総合研究所林業機械化センター》が立っていますが、これは木と木が直接取り合う昔ながらの木構造を現代風に考えたもので、構造設計は稲山正弘[17]さんです。この建物では、木と木がめり込んで直接圧縮力を伝えます。稲山さんは木材どうしがめり込む圧縮状況を計算できるようにした人ですが、ここでもめり込み強度の実験をして、圧縮力が木から木へと直接伝わるようにした。接合部に鉄は使っていますが、圧縮力を伝えるためのものではなく、引張力を伝え切れないようにするためのものです。

　木と木が直接取り合えば、真壁風になるわけです。稲山さんはこれがたいへん気に入ったようで、他の建物にもこの考えを使っています。この構造は、大工さんにとってもなじみ深く、異質感がない[図9]。集成材を使うと、大工さんは重たくて持ち上げられないからクレーンが来て、そのまま鳶が嵌めてしまうので、大工さんの仕事ではなくなってしまう。こうした木造は、大工さんにとっては仕事のうえでも異質、でき上がったものも異質なんです。

16　建築家。1963年東京大学卒業後、大学院進学。大学では内田祥哉に師事し、同時に原広司らの設計同人に参加し、解散後に事務所設立。1968年芝浦工業大学講師、1973年助教授、1982年教授。中大規模木造建築の普及に尽力。

17　1958−。構造家、建築学者。1982年東京大学卒業。ミサワホーム勤務を経て、東京大学大学院で坂本功に師事し博士号取得。1990年事務所設立。2005年東京大学助教授、2012年教授。木材のめり込み理論を提唱し構造設計に応用。

図9 槌で打ち込んで木材を接ぐ「締まり嵌め」[提供：アルセッド建築研究所]

　日本では、木を嵌めるときに槌で木を打ちます。これもヨーロッパとは違ったやり方で、この違いは、もっとも馴染みのある構造が木造かレンガ造か、ということに根ざしていると考えています。レンガ造の壁の孔にレンガを嵌めるときには、槌で叩いても入らない。孔が小さければ、壁のレンガを削らないといけません。それはたいへんだから、レンガどうしにはあらかじめ隙間をつくり、間にモルタルを詰める。鉄の場合も同じで、鉄は槌で打っても開きませんから、逃げをとってボルトで締める。これがヨーロッパの考え方。一方で木造の場合、木がめり込むから上から叩けば入る。これは根本的な違いです。僕がモデュールの研究をやっていたときに、池辺陽さんが、畳は隙間なく敷き詰めるものだけど、畳は柔らかいから少し大きめにつくって叩き込めばいいんだと言っていました。そういう納まりに名前をつけることになって「締まり嵌め」という名前を考えた。ヨーロッパの考え方は、わざと隙間を空けて嵌めるものだから「隙間嵌め」。木は「締まり嵌め」、レンガは「隙間嵌め」。これが日本とヨーロッパの考え方の根本的な違いですが、これがさまざまなものの考え方にも及んでいる。日本の伝統的な木構造と現代木構造の違いも、この点にあります。
　しかし大工さんは伝統的な木構造になじんでいますから、現代木構造にはちょっと手が出ない。このあたりが、おそらく多くの人に理解されていない、木構造の微妙な東西の違いだろうと思いますね。木構造にもいろいろあるのです。

大型木造社寺建築の衰退と復権

日本の伝統木造といえば、大型木造社寺建築、いわゆる堂宮です。これは日本の大工さんが一番得意とするところですが、実は戦後たいへんな苦難の道だったのです。「堂宮大工仕事の失権と復権」というタイトルで、これまで金閣寺や法隆寺の住職の前で話をしてきました。亡くなられた伊藤延男[18]さんにも聞いてもらいましたが、「失権」という言葉はよくないと言われました。でもね、実際には失権なんですよ。

　建設省が1948年に発足し、1950年に建築基準法ができます。その中で、文化財に対する配慮が欠落してしまうんです。伝統的な木造建築については、その直後にできる文化財保護法の中で記述されるだろうと多くの人が考えていた。文化財保護法ができるのであれば建築基準法は現代木構造だけ扱えばいい、という雰囲気があったんだろうと僕は思っています。

　戦前の市街地建築物法では、社寺建築、地盤が堅固なもの、規模の小さいものは許可制で、例外が認められていたんです。規模が小さいものというのは、つまり住宅です。社寺建築と住宅は扱いが違うという意識が、この市街地建築物法[19]には感じられます。施行令第13条にはこう書いてありました。

> 本令中高ニ関スル規定ハ社寺建築ニシテ行政官庁ノ許可ヲ受ケタルモノニ付之ヲ適用セズ

つまり、行政官庁がよいと言えば、構造計算をしなくても社寺建築は建てられるという規定でした。建築基準法からは、この規定がまるごと落ちちゃったんですね。それから、施行規則第57条が住宅に関する規定です。

> 建築物ノ敷地ノ地盤堅固ナルトキ又ハ規模小ナル建築物ハ当該官吏又ハ吏員ノ承認ヲ受ケ第五十條及第五十二條ノ規定ニ依ラザルコトヲ得
> 　（施行規則 第50-55条は、木造について基礎、土台、牆、柱、筋違、方杖等を定めたもの）

これは筋交いを入れないとか、方杖を付けないとか、そうした例外を認めるもので、いわゆる数寄屋や書院もつくってよいとする条文です。ではこの「吏員」とは誰か。じつは官庁営繕の建築士は全員「吏員」なんです。これはいまの建築士資格みたいなもので、つまり住宅規模であれば、建築士の裁量である程度自由につくれるという規定があった。これも丸ごと落ちた。だから建築基準法以降、社寺建築も建たない、古民家風の和風住宅も建たない、そういう状況になってしまいました。

18　→第3講・註4
19　1919年に都市計画法と同時に公布された法律で、1920年施行。現在の建築基準法の前身にあたり、市街地における建築を許可制により規定したほか、住居・商業・工業の用途地域や防火・美観地区などの制度を設けた。

木造社寺建築新築への社会の要請

なぜそんなことになったかというと、建設省の言い分は、木造は力学的な解析ができないということでした。それから社寺建築に使うような太い木材は、戦後でもすでに手に入りにくかったことや、木造を教育しても就職先がないこともありました。社寺建築の新築なんてほとんどなく、大工を志望する人もいない。学ぼうとする学生もいない。大規模な伝統的社寺建築は、やはり徒弟式で教えないとできないところもありますので、これは近代建築ではないということで、全部落ちちゃったんですね。これには誰も文句を言いませんでしたが、これこそがこの時代の雰囲気でした。

それじゃ何も建たなかったのかというとそうでもなくて、伊勢神宮の式年遷宮は行われたし、金閣寺は再建され、熱田神宮は伊勢神宮の資材を再利用して戦後復興を遂げています。長崎の祐徳神社、明治神宮の戦後再建、真清田神社など、全部戦後になってから伝統木造でつくられている。どうしても必要なものは建っていて、しかもほとんどが建設省の認可は受けていない。

金閣寺再建始末記

では、そうした社寺建築はどうやって建てることができたのか。手がかりになるのが《金閣寺》です。《金閣寺》は戦後に放火で燃えましたが、幸いにして関野克[20]先生が精密に再建の記録を残しておられた。それを一部引用すると次のように書いてあります。

> 三十年七月二十九日、鹿苑寺で開かれた座談会「金閣の復旧を巡って――焼失より落慶まで」の記事(『日本文化』六、十月号、昭和三十年十月号、十月一日発行掲載)の内容を編者の責任で書き改めた
>
> 関野克編「金閣と銀閣」『日本の美術2』(至文堂、1979)

金閣の国宝解除案は文化財保護委員会で用意され、最初の文化財審議会第二分科会に提出され可決されました。金閣は丸ごと燃えたから国宝解除になってしまった。解除になったものに文化財の予算をつけることはできないから、国費で復旧するのは無理。そこで知恵を絞りました。まだ庭園の方は国宝として残っていたので、庭園の景色として金閣寺はなくていいのかという話にして、庭園の費用なら国から出るから、それで金閣寺を復旧しようという道筋を考え出しました。

それで復旧が決まり、再建工事を京都府教育委員会に委託する方針が明らかにされ、現場主任には伝統建築の専門技術者である松本軒吉さんが当たる

ことになりました。古社寺修理四十数年の経験者松本軒吉氏が現場の主任技師として工事に当たればみんな安心だから、後藤柴三郎技師が監督し、さらに村田治郎[21] 京都大学教授が顧問を務めました。文化財保護課長は荻野次郎氏に交替しましたが、これに前課長の赤松俊秀[22] 京都大学教授が協力しました。つまり教育委員会の直営工事として、金閣の庭園の中に復元するという工事が行われたそうです。

これよると法律の縛りについては、「社寺建築にして官庁が許可したものはこの限りにあらず」と書いてある。しかし関野先生はこの中で建築基準法のことをひと言も書いていません。これは戦前の感覚からすれば当たり前のことだったはずで、おそらく建築基準法を無視しているという意識はまったくなく、市街地建築物法に則しているから間違いないだろうということだったのだと思います。

工学的裏付けを持った社寺新築に至る経緯

しかし、その後はだんだんそうはいかなくなってきて、建築基準法に準拠し、新築時には届けを出さなければいけなくなる。そんな折に、奈良で《唐招提寺南大門》が復元されることになります 図10。これは今見ると奈良時代の建物に見えますけど、奈良県技師の日名子元雄さんの指導によって復元されているので、実際には昭和の建築なんです。これはどうにも届けを出さなければならなくなって、奈良県庁に届け出ました。

奈良県庁はたいへん困ったに違いありません。そこで、これは門で、人が住まないから住宅ではない。住宅でないものは工作物だからという理屈で許可が下りた。これが前例になり、工作物としてなら伝統建築ができるということがわかり、宮大工の西岡常一さんは《法輪寺》や《薬師寺》を建てていくわけです。これが戦後の伝統建築復活の最初です。

その後、文化財の修理を重ねるなかで、伝統建築の構造システムがだんだんとわかってきました。清水建設の《大石寺六壼》の新築では、構造解析に自信が持てなかったので、木造建築が認められている高さ13ｍの範囲内で届けを出しました。しかしそれでも心配があるとして、実物実験をやりました。材料もケヤキで本物と同じ大きさの架構をつくり、水平力をかける実験がされました。

《西の正倉院》では意外なことに構造解析ができている。なぜできたかと

21　1895–1985。建築史家。1923年京都帝国大学卒業、南満州鉄道などを経て、1937年京都帝国大学教授。1962年明石工業高等専門学校初代校長。中国建築史や古代日中の建築文化交流を研究。法隆寺金堂の火災後修理にも携わる。
22　1907–79。1931年京都帝国大学卒業、同副手。1932年より京都府嘱託として社寺宝物や史跡を調査。1951年京都大学助教授、1953年教授。1972年大谷大学教授、1975年四天王寺女子大学（現・四天王寺大学）教授。文化財保護に尽力。

図10 伝統木造建築復活のさきがけ《唐招提寺南大門》

いうと、アメリカから2×4やログハウスが入ってきたときに、それらを合法的に建てるため、ログハウスの計算基準がつくられていた。それに則ると、脚のまわりを除いて正倉院は安定しているということがわかった。そこで脚まわりだけを新たに解析して許可が出たといわれています。

このころは難しいものはみんな工作物で通そうとするんですが、しかし工作物と見なせないものもいっぱいある。たとえば《掛川城》。これは高さがオーバーしていますが、低くするわけにはいかないので、屋根の一部を塔屋だと見なして高さをまけてもらっています。

13mを超える合法的な木造建築物は、2000年にできた《永明院五重塔》が初めてだったろうと思います図11。宮大工の白井宏棟梁の設計で、稲山さんが構造計算をしています。これで工学的解析をすれば法も通るという先例ができたわけです。それまでの奈良の薬師寺にあるいくつかの建物では、仏像を保存する意味もあり、鉄筋コンクリートで仏像の傘をつくり、それを構造体にしてまわりに木造の装飾をつけている。これには太田博太郎[23]先生がカンカンに怒っておいででした。コンクリートは縮まないけど木は縮むから、そのうちに外側の木造は隙間だらけになっちゃうぞとおっしゃっていました。

23　1912–2007。建築史家。1935年東京帝国大学卒業。
1943年同助教授、1960年東京大学教授。1973年武蔵野美術大学教授。1974年九州芸術工科大学学長。
古代・中世の寺院建築史と日本住宅史を核としながら、日本建築史の全貌把握を追求。

図11 高さ13mを越えた現代の伝統木造建築《永明院五重塔》
[提供：アルセッド建築研究所]

戸建てプレハブ住宅

次に、伝統的でない建築に大工さんがどのような影響を及ぼしたかについて、戸建てプレハブ住宅を例としてお話します。戸建てプレハブ住宅とは、積水ハウスや大和ハウス、ミサワホームがつくっている住宅です。これらはプレハブとは言えるかもしれませんが、しかし量産住宅ではない。日本の戸建てプレハブ住宅はすべて一品生産なんですね。これには世界中が不思議がっています。プレハブ会社にしても、できれば量産したいけど、どうしてもできない。そこで、日本で戸建て住宅の量産がなぜできないかをいろいろ調べました。

　戦後復興においては、大急ぎで大量の住宅を建てなければならない。となると、プレハブと量産のふたつの方法がある。このふたつの方法を結合すれば大量の住宅が早くできるに決まっている。だからプレハブ会社は規格型をつくり、それを量産して安く売ろうとするわけですが、日本ではそれができなかった。その理由は結局のところ、プレハブと量産を一緒にやると、住宅が画一化してしまうことが嫌われたのだと思います。ヨーロッパでもいろいろと画一化を避ける苦労していますが、共産圏にはそういう苦労が見られない。ですから、モスクワやレニングラードに行くと、自動車で10分走っても景色が変わらない。たくさん写真を撮るわけですが、全部同じ写真になってしまうんです。あれには本当にびっくりしました。こういうことが量産による画一的な世界では起こるんですね。

プレハブ化による部品の大型化

プレハブと量産を一緒にやると、部品が大型化していきます。ヨーロッパではレンガ造をプレハブ化するために、地面で平たい壁パーツを組んで、それをクレーンで持ち上げていました。有名なエジソンは、型枠をプレハブ化しようとしました。住宅1軒分の大きさの型枠をつくり、煙突の部分からコンクリートを流して、一気に住宅をつくることを考えていました。その後、フランスでは実際に大型型枠が実現しています。プレハブはとにかく部品を大きくする方が効率がよいわけだから、輸送できる範囲で大きくしていく。

日本のヤクルトがつくったプレハブ会社のシステムは、今のプレハブと比べると部品が桁外れに大きいものでした。しかしこれは売れなかった。八幡の工場に部品が山積みになっていて、部品が大きいものだから相当のヤードが必要で、それで潰れてしまいました（笑）。

一品生産の戸建てプレハブを生んだ社会常識

量産とプレハブを一緒にすれば画一化につながる。しかし先進国のなかでなぜ日本だけ、戸建てプレハブ住宅が一品生産になったのか。これも実は大工さんのおかげです。日本では大工に頼めば、住宅は一品生産でできることが常識です。そういう相手と競争するわけですから、プレハブ会社は一つ一つ違う家をつくらざるを得なかったのです。プレハブ住宅メーカーは、どこも創業以来同じ家をつくったことはないと自慢しています。これが話題になって、世界中から見学者が来るようになりました。その理由を調べるうちに、大工さんのおかげだということがわかってきた。

では、どうやってプレハブで一品生産するのか。このことは、小さな部品を量産して組み合わせることで実現しています。小型の部品であれば、その組み合わせによってバリエーションができる。どのメーカーも、部品は量産するけれど、完成品は一品生産という道を選んだのです。

セキスイハイムのように、大型のボックス型部品をつくるメーカーもありますが、その場合でも工場のラインに置かれた時から「○○邸」と書いてあるんです。木質系メーカーのプレカット部材でも、工場に積まれた部材の山に「○○邸」と書いてある。つまり使う部品が住宅ごとに全部違う。これは世界的にもたいへん珍しい。その土壌には、大工さんの注文住宅が当然だという日本の社会常識があったわけです。

プレハブの未来

しかし、今プレハブメーカーは「改造」に困っています。大工さんがつくった木造住宅は大工さんに頼めば改造できるのに、プレハブメーカーがつくっ

た住宅はプレハブメーカーに頼んでも改造できない。理由はふたつあります。ひとつはもともとのシステムが建築基準法第38条[24]の大臣認定を取っていることです。だから改造に際しても、38条の認定を取り直す必要がある。しかし、現在の基準でもう一度38条を通すというのは容易じゃないですから、そこにひとつ壁がある。

では、法規の面がクリアできればいいのかといえば、そうでもない。今度は技術的な壁がある。「和構法」の回でもお話ししましたが、大工さんがつくる在来木造住宅では、壁や柱を動かす改造も簡単なんですね。プレハブ会社も一品生産までは実現できましたが、フレキシビリティという点では課題を抱えていて、そこにこれからの工夫が必要です。

討議

プレハブ住宅ストックの改修

門脇 現代の状況に重ね合わせながら内田先生のお話を聞いていると、今の若い建築家には、これまで大工さんがつくってきた資源、つまり在来木造の住宅ストックをリノベーションする仕事が多い。クライアントもお金がありませんので、それを文字どおり切ったり貼ったりしているわけです。東京の23区内に関して言えば、戸建て住宅を新築することは普通のサラリーマンでは叶わなくなりつつある。そうした状況がますますリノベーションに拍車をかけているわけですが、いつまで木造を切ったり貼ったりしてるのかしらん、と少し寂しく思うわけです。

内田先生が戦後すぐに感じていたような寂しさを、今の若い建築家もかたちを変えて感じているのではないか。連さんは木造アパートの改修をおもに手がけていますが、今日の話はいかがでしたか？

連 本当に切ったり貼ったりしています。私も当初は戦後の築30年から40年の在来木造の改修をおもにやっていましたが、今はハウスメーカーがつくったプレハブの木造住宅や、軽量鉄骨造の住宅の仕事が増えてきていて、これらは一番手を入れにくい。構造がいじれませんので、本当に表層的なことしかできない。しかもこうしたタイプがもっとも人気がなく、空き家になりやすい。しかし間取りが自由にいじれないので、現在のライフスタイルとますます合わなくなってきている。在来木造でない住宅ストックをどうしていくのかは悩みの種です。

内田 在来木造は2階の床や屋根の水平構面を補強すれば、かなり自由になるでしょう。しかしプレハブメーカーの型式認定[25]されている住宅は難しいですね。型式認定をふまえて増改築をやることになるなんて、当初は思いもしま

24　→第3講・註37

門脇　1970年代から80年代に建った在来木造はたくさんあって、それが今リノベーションの主対象になっていますが、これらは火打を打てば構造体を移動するのも簡単です。しかしこれからはハウスメーカー系の住宅に対象が移っていかざるを得ません。

内田　軽量鉄骨系の建築の一番大きな問題は、不燃建築とされているものの、それが実験で確かめられていないことです。当時は住宅が圧倒的に不足していたので、実験して駄目となったらたいへんだから、実験をしようにもできなかったのだと思います。そのころは仕方がなかった面もありますが、現在ではメーカーが改造できないからといって工務店が木材を使った改修を勝手にすると、またよく燃える建築になりかねないし、一度火がつくと軽量鉄骨なんてあれよという間になくなっちゃいますから、木造よりもっと危険で心配ですね。

門脇　一方で、都市火災は戦後にぐっと少なくなり、70年代以降はおそらく日本では起きていない（糸魚川市の大規模火災は収録後）ので、都市計画の成果がそれなりにあったのかなと思います。道路容積で広い道路の容積率を上げ、そこには原則的に3階建て以上の建物が建ちますから、耐火建築物が防火壁になる。これはうまく機能していると思います。この防火壁の中では、木造のストックも活かせる状況がなんとかできている。しかしハウスメーカーの住宅は、やはり構造体をいじれないですね。軽量鉄鋼造にはブレースがたくさん入っていて、間取りを変えづらい。

連　下手に壁を取り払えない。壁と柱が一体になっていることもあるので、壁や天井をむやみやたらに触れません。

内田　4号木造[26]は壁量の規定ですから、壁を動かしても壁量さえ満たしていればよいという考え方ですね。今の日本の住宅は建ぺい率もいっぱいに使って建てているから、増築で面積が増えることもあまりないですし、木造だとそう不便はないのかもしれない。

門脇　軽量鉄骨のプレハブ住宅はラーメン構造ではなく壁式に近い考え方ですから、壁は抜きづらいですね。

古森　しかし、技術的にはなんとかできそうですから、法律が変わればだいぶ改善されるのでしょうか。

門脇　ただ、そもそも軽量鉄骨を使うこと自体が特殊なやり方なので、既存の計算ルートにのらないことが問題です。

内田　建築基準法の中で軽量鉄骨とアルミのカーテンウォールは特別扱いなんですよね。他の火災基準とも合わないし、構造基準とも合わない。

25　型式適合認定制度のこと。同一の型式で量産される建築設備や、標準的な仕様書で建設される住宅の型式などについて、建築基準に適合していることを審査し認定するもの。これにより個々の建築確認などが簡略化される。

26　4号建築物のこと。2階建て以下・延べ面積500m²以下・高さ13m以下・軒の高さ9m以下の木造建物が該当。構造関係の審査が省略されるなどの、木造戸建て住宅を想定した4号特例と呼ばれる規定の対象となる。

プレハブは壁式構造に近いという話がありましたが、僕は日本の在来木造も柱のない壁構造に近いと考えた方がわかりやすいと思っています。みんなが柱だと思っているものは、ほとんどが壁の枠であって柱ではない。つまり真壁の柱を枠にした壁が、床に留められず、ただ載っかっているような構造です。水平力には壁の変形や回転抵抗で耐えている。そう考えると金物なんてほとんど要らないと思えてくるでしょう。

藤原　たしかに木造では仕口なんてすぐ断面欠損するんだから、そう考えた方が合理的ですね。

内田　4寸角の木造の仕口には強度なんてほとんどないですよ。あれを接合部だと考えると、金物で結ばなければならないのは当然なんですが、金物で結わなくても、荷重が載った壁は崩れなければ、変形で耐えられるのではないか。そのように考えて金物を使えば、壁も柱も自由に取り替えることができる。同じ考え方は鉄筋コンクリートでも通用するはずです。ただ、和風建築は水平構面に剛性がないから、地震のときにバラバラになる。

門脇　一方で、70年代以降の在来木造では、床に合板が使われるようになって水平剛性が改善されましたね。

内田　そうですね。その場合は柱を通し柱とせず、床で切ってしまった方がいいんじゃないかと思うんだけど、その点はこれから研究が進むことを期待しています。

団地のリノベーション

藤田　プレハブが改造できないのと同じように、団地のリノベーションも難しいのが現状です。浴室のまわりに構造壁が回っていたりして、水廻りの更新が不可能なことが多い。団地の場合だと団地サイズの浴槽しか入らないですし、もちろんユニットバスも入れられない。しかも床懐もありませんので、水廻りの配管をいじることも難しい。

内田　コンクリートで壁ががっちりできていると手も足も出ないですね。しかし日建ハウジングシステムが設計した《大倉山ハイム》は、間仕切りが非構造の壁で、みんな適当に壁をとっぱらいながら住んでいました。感心したのは、横引き管のスペースも竪シャフトも共同溝[27]が設計されていて、配管が取り替えられるようになっている。非常に先進的な団地だと思いました。

門脇　団地は僕もだいぶ研究しましたが、現場打ちの壁式構造の場合、壁に孔を開けてもわりと大丈夫な反面、PC造が難しいですね。壁のPC版は上下辺の両端でしかとまっていませんから、そこに孔を開けると版自体が水平力による回転に耐えられなくなって、開口補強筋に相当するような補強が必要になる。しかしパネルどうしは「隙間嵌め」の考え方になっていて、接合部はモルタ

27 → 第3講・註31

改修に関わる制度の問題

内田 しかし今は、そういう壁を取り払ったりすることのできない建物の改修で悩んでいることが多いんでしょ。それはどうしようもないよね（笑）。

古森 改修案件はよくあるんですが、設計者側が何でもできると思い込みすぎかなという気もしています。そう思っていても、じつは半分くらいしかできないことが多い。

門脇 木造の国の人は、つい壁もとれると思いがちですよね。

古森 しかし実際には、検査済証[28]もなければ、設計図もないことが多い。それでも果敢にトライしようとしてしまうのは、少しおかしいんじゃないかと感じています。何ができて何ができないかということが、まだ曖昧なのかもしれません。

門脇 検査済証がないことは当然だという時代もあったのに、今ではそれがないと何もできないというのは、制度的に問題だと思っています。済証がないということは、法的には違法建築になるので、不良ストック扱いになって、しかも不良ストックは改修してはならん、ということになってしまう。この枠組みでは、違法なものや再建築不可といわれる接道不良のストックが、どんどん残っていってしまう矛盾が生じてしまいます。

藤田 済証がない建物の場合には、既存不適格調書という、その建物が建てられた当時の適法性を遡ってチェックし、報告を出す手続きを活用するやり方があります。そのうえで10㎡以上の増築をして、容積がオーバーしていなければ、新たに確認申請を出して済証をもらうことができます。

藤原 ただ、既存不適格調書だけでは、既存不適格である証明ができたからストックとして扱えるということにすぎません。だから済証をもらうためには再度確認申請を出さなくてはならず、非常にたいへんです。型式認定の建物になると、本当に手も足もでない。

内田 今38条は復活したんでしょ。ただ、大きな建物じゃないと大臣認定はとりづらいですね。

藤原 今日の内田先生のお話を聞いて、38条があった時代にも、寺院建築が苦しみながら基準法の壁を乗り越えてきたことを初めて知りました。

内田 今ではようやくルートが整ってきましたね。このあいだ古森さんがお寺を設計すると聞いたとき、ぜひちゃんと申請を出してくれと言いました。

古森 すみません。4号で建ててしまいました（笑）。先生から許容応力度計算[29]

28　建築基準法で定められた、建築物及びその敷地が建築基準関連規定に適合していることを証する文書。建築主からの工事完了届を受けて行われる完了検査を経て交付される。

はちゃんとやらないといけないよと言われて、宮大工に相談したら、それはやりたくないと言われました。4号より許容応力度計算の方が厳しい結果がでるからと言われ、4号の壁量に余裕を持たせる設計にしました。

藤原　4号建築物って規制がないに等しいですよね。僕の理解では、優秀な構造家と一緒に4号をやれば基本的にできないことはない。ただ、実際につくる過程が難しい。要するに建設途中の強度はまったく考えていないから、建て方中の強度が非常に貧弱なんです。資材を屋根に載せただけで落ちるので、全体が固まるまでは載せないでくださいと言われたり（笑）。

未来の木造

門脇　最後に、未来の木造を考えてみたいと思います。木材資源が豊富なことは日本の財産ですが、これを活かさない手はありません。内田先生は、これから日本の木造はどうなるとお考えでしょうか。

内田　大工さんにいくら木材を使えといっても、日本の森林資源は使い切れるものじゃないから、やはり燃料として使っていくしかないのではないでしょうか。
　世界の森林資源には、大きいものが3つあると言われています。ひとつはシベリア全体、育ちは遅いがトータルの面積が大きい。もうひとつはアメリカの北部とカナダ。もうひとつが日本の森林全体と言われています。それでも国中が焼け野原になった戦後には、それを使い切るだけの建設需要が国内にあった。しかし、今は鉄筋コンクリートだって減築する時代ですから、日本の木材を使い切れるわけがない。だから木材は燃料第一で、ガソリンの代わりに使うくらいのことを考えていいと思いますね。そして太く育った木材は社寺建築に使う。今でも社寺建築用の木材は全く足りないそうですが、もう10年たてば柱材くらいは採れますよね。

門脇　日本ではいちど木材資源が枯渇しかけて、それから数十年でシベリアに匹敵するだけ育ったとすると、ものすごく木の成長が早い国ですね。

藤原　地形から日本の歴史を繙いた竹村公太郎さんという方の本に、江戸時代には燃料として森林を使っていたため、木が枯渇していたと書いてありました。その後、エネルギー源が石炭や石油に代わって、日本の森林資源は復活してきた。たしかに江戸時代の浮世絵をみると、山がほとんど禿げ山なんですよ。じつは江戸時代はかなり木が少なかったんじゃないか。薪泥棒の記述も多く残っていて、泥棒するくらい薪がない時代だったそうです。

門脇　木材をエネルギー源としてとらえると、社会システム自体が大きく変わりそうですし、そこから新しい建築のトピックも生まれそうですね。

29　小規模な建築物に用いられる構造計算の方法。設計荷重により生じる構造体各部の応力度が許容応力度を超えないことを計算で確かめる。耐力壁の量とバランスをみる壁量計算に比べ、耐震性能がより正確に把握できる。

内田祥哉の野性と感性 その複数の水脈　　戸田穣

エレヴェーションと直感

　ところがサッシュの割り方、プロポーションということになると、なかなか決定できないんです。実際にでき上つたものを見たとき、その建物がいいかどうかはプランの場合はいちおういわれるけれども、エレヴェーションの場合はやはり直感的なものが出てくるんじゃないかと思います。

　内田祥哉のこの発言は座談会「建築創造の今日の問題点」のなかでのことである[1]。内田はまだ日本電信電話公社に在職中で、他の参加者も1920年代後半生まれの戦後第一世代。当時は皆20代後半だ。議論は日本の風土性や民族性を、いかに近代主義において吸収するかについて展開していった。林昌二は、それがかたちの問題なのか、空気調和（風土性）の問題なのかと整理したうえで、かたちの問題としての当時のプレキャスト・コンクリートのあり方に注意をうながしている。約言すれば、建築設計と建設技術における必然性と理論性の追求の問題であり、やがて話題は国立国会図書館の設計競技から協同設計のあり方へと移っていく。上記の発言はそのなかででてきた。

　平面（プラン）と立面（エレヴェーション）を切り離して、協同設計の場において前者は客観的に決められるけれど、後者には直感的なものが残るという内田の主張に、同席者からは否定的な応答が返ってきた。林昌二は、客観的なデータからプランを作るということも個性的でエスティックな仕事ともいえ、一方で立面におけるサッシュ割などについてもある程度まで客観的な線はだせるはずだと主張して、プランとエレヴェーションを科学的なものと芸術的なものに分けることに異議を唱えている。座談は、誰が最終的な決定を下すのかという主体の問題へと嶺岸泰夫がまとめて収束していくのだが、それでも内田は両者を区別しないことへの違和感を撤回はしなかった。

　プランとエレヴェーションの乖離についての内田の実感の背後には、戦後の日本建築におけるふたつの潮流があった。ひとつは吉武泰水（1916-2003）が主宰した研究会「LV」（フランス語のLe Vendredi＝金曜日から）であり、ここでは平面上の機能主義的な建築計画が議論された。吉武計画学は1950年代を通じて設計の前提となり、内田もそのなかで学校建築の研究に取り組んでいた。そして、もうひとつに小坂秀雄（1912-2000）・國方秀男（1913-93）から伝えられた逓信建築があった。1947年内田入省時の設計課長が小坂、係長が國方だった。2年後に逓信省は郵政省と電気通信省（後の日本電信電話公社）とに分離するが、郵政は小坂が、電電は國方が担当しており、内田は電電へと移っていく。エレヴェーションに対するある種の割り切れなさを内田が抱いていたのは、やはり小坂秀雄の存在、とくにその木造建築が念頭にあったからであろう。そのサッシュ割のプロポーションは、細い窓を縦に並べたもので、誰がやってもうまくいくものだと内田は得心していた。当時、窓にガラスをはめるときには、正方形に近い形に建具を割るのが一般的だったが、小坂は横の桟を省略して縦に桟を入れて細長く分割した。これが、うまくいく。若き日、小坂のもとで実務を学んだ内田にとって、そのエレヴェーションの説得力はほとんど身体的な感覚に迫るものであったろう。それとは違うやり方で、というのもまた若き内田の主張であった。

　また同じ座談会で内田は、新しい材料から民族性をめざす丹下健三（1913-2005）の方向性よりも、堀口捨己（1895-1984）が《明治大学講堂》において鉄筋コンクリート造のなかに古い材料を使った、その方向性に「日

本的なもの」の可能性を見出している。『新建築』誌上を伝統論争が賑わすのは翌1955年から56年にかけてのことなのだが、丹下に対比して、あえて堀口を推すという態度には、学生時代にはじまる堀口捨己からの薫陶があったに違いない。内田が1954年の座談会のなかで表明していた違和感は、現代のわれわれにとっては内田と同時代との微妙なずれとして感ぜられるのだが、その底には、ひと筋では辿ることのできない、日本の近代主義の複数の水脈があった。現在内田を論じるとき、われわれの視点は、はじまりの人としての内田祥哉、そして内田祥哉以後に傾きがちである。それと同時に、内田から流れ出たものだけでなく、内田に流れ込んだものを振り返ることは、研究者である以前に建築家であった内田祥哉を理解する上で不可欠の視点であろう。ここでは1950年代の内田祥哉の位置づけを確認したい。

---

1 『新建築』1954年12月号、pp.50-55。
司会は灰地啓（宮内嘉久）、参加者はみねぎし・やすお（嶺岸泰夫）、植田一豊、沖種郎、はやし・しょうじ（林昌二）、永松亘。

逓信建築史のなかの内田祥哉
その1950年代

内田祥哉は、同世代の建築家のなかでも早くから頭角を現した建築家だった。電々公社という組織にいたからこそ手がけられた規模の公共建築があったし、終業後には設計競技に挑んで、丹下や小坂を向こうにまわして入選を果たしていた[2]。

　1929年から1944年まで逓信省に在職した生田勉（1912-80）は、逓信省建築の系譜をふたつの潮流から整理している[3]。生田にとって「逓信省建築の歴史を語ることは、吉田・山田両氏について語ること」に他ならない。郵政局の系統が吉田鉄郎（1894-1956）にあり、電信電話局の系統が山田守（1894-1966）にあった。富山の福野町出身の吉田と岐阜の上中島村出身の山田は、ともに旧制第四高等学校から東京帝国大学工学部建築学科に学び、吉田は1919年、山田は1920年に逓信省に入省。互いにドイツ合理主義を基盤としながら、メンデルゾーン風の表現主義をよくした山田と、日本建築を近代主義へと論理的に接続する正統を歩んだ吉田。そのように生田は整理をする。「逓信建築」が台頭するのは関東大震災（1923）後の復興がきっかけだったが、そのなかで山田は「逓信省の最初の偉大なモニュメント」《東京中央電信局》（1925）を創り出した。山田は1929年に洋行し第2回近代建築国際会議（CIAM）にも参加している。一方の吉田は1931年に渡欧。バウハウスで日本建築講義を行うなどして帰朝の後、「逓信省建築の第二のモニュメント」《東京中央郵便局》（1931、部分保存）の設計に傾注した。「――こうしてわれわれは合理主義的近代建築の原型をここに見るのである」。東京中郵を記述する生田の筆は高揚を隠さない。1937年に山田が《東京逓信病院》を、1939年に吉田が《大阪中央郵便局》を設計したのをピークに、戦前の時局にあって設計活動は停滞していくことになる。

　そして終戦後の逓信建築を支えたのが小坂秀雄である。1927年に入省した小坂は、山田守にかわいがられたそうだ。1950年に《東京逓信病院高等看護学院》で、第2回の日本建築学会作品賞を堀口捨己の《八勝館御幸の間》（現存）とともに受賞。《ホテル・オークラ本館》が取り壊された今、現存する小坂の

代表作は《外務省庁舎》(1960)であろう。しかし生田は、小坂秀雄がもつのは「巧まない巧みさ」であり、山田守にあった「強い造形的構成」「衝撃的迫力」がみられないと物足りなさをにじませる。むしろ生田が、逓信建築にあって山田の後継を託すのが内田祥哉であった。「しかし今日の郵政・電々の建築のなかで山田守氏の建築作風のたくましい線がまつたく消えてしまったのであろうか。そうではない。たとえば電々公社の若手建築家の内田祥哉氏の作品のなかには、その線が新しい形で現されているように私には思える」。そして生田は、内田の《名古屋第二西電話局》(現NTT西日本笹島ビル、1952、現存)を、《東京中央電信局》以来の画期と位置づける。生田によれば、逓信省建築には「静的」な線と「動的」な線があり、動的な線は山田守から内田祥哉に引き継がれ、静的な線は吉田鉄郎から國方秀男へと受け継がれているという(國方は1961年に《日比谷電々ビル》(現NTT日比谷ビル)で第13回日本建築学会作品賞受賞)。

　残念ながら生田は、内田の動的な線についての仔細な記述は残していない。内田の大規模電話局の平面計画については國方秀男設計の《千代田電話局》(1952)が基礎になったが、つづく一連の電話局建築において、エレヴェーションや窓の扱いはそのつど変化していく。一般に電話局は厳しい防塵防湿と空気調和を求められるために閉鎖的な機械室と、自然通風換気による人間のための開放的な管理部門・厚生部門からなり、両者のエレヴェーションのあいだで表現が切り替わるものだ

が、《名古屋第二西電話局》のエレヴェーションはなかでも複雑である。閉鎖的とはいえ機械室においても作業員の心理的影響や換気装置の信頼度等の関係から無窓ということはならずに、内田はそこで指向性ガラスブロックについての実験に取り組んだ。生田は、このエレヴェーションについて「ごたごたしている」とは言いながらも、そこに感じられる「一抹のフォーヴィズム(野獣主義)」のこころよさを言い残している。また平良敬一も《名古屋第二西電話局》について「電々・郵政というひとつの系統にたいする反逆、そう新しい胎動」[4]を認めているし、《名古屋第二西》以外にも、「個性的、作家的」な「電気通信中央学園宿舎」(《東京電気通信第一学園校舎》)(1951)[5]、「新しく近代主義建築の立場より再出発しようという方向」を示した逆台形のガラスブロック窓が印象的な霞ヶ関電話局(1957、現存)[6] など、ともかく内田は新しい逓信建築を代表する存在と目されていた。

2　内田が橋本慶一郎、大場則夫、西野範夫らと結成したコンペチーム。UHONは4人のイニシャルから。名古屋放送会館・国立国会図書館等の設計競技に入選した。

3　生田勉「通信省建築の系譜」『建築文化』1956年6月号、特集「建築家のしごと・4 日本電信電話公社建築局1952〜1956」pp.48–49。

4　「座談会1956年：日本建築の問題」『新建築』1956年12月号、p.67。司会は平良敬一(葉山一夫)、参加者は浅田孝、池辺陽、内田祥哉、大髙正人。

5　金子勇次郎「電々公社建築部の設計組織について」前掲『建築文化』、p.52。

6　中村登一「電々公社の設計に思う」前掲『建築文化』、p.50。

内田祥哉のフォーヴィズム その主張

とはいえ寡作であり、またキャリアに変化の多い内田祥哉の建築家としての位置づけは容易ではない。少なくとも、同じ逓信建築の系譜にあるとはいえ山田守の延長線上に内田を置くことに、われわれが素直に肯くことはないだろう。内田自身、吉田鉄郎の自宅には何度となく足を運び、その謦咳に接していたと述懐するが、山田守との直接的な関係は聞かれない。「建築はやはり、その建物がそこにあるということが意識されない程のものが出来れば僕は傑作だと思う」[7] という内田は、やはり小坂秀雄の「巧まない巧みさ」の系譜にあるのではないだろうか。現代の眼から、そのように指摘することはたやすい。けれども、同時代の眼でみた生田の証言にも、ひとつの直観が感ぜられはしないだろうか。

窓ゼミナールのなかでは、50〜60年代を日本の近代建築の学習期から開花期と位置づけ、1980年前後にはじまるプレキャスト・コンクリート（PC）建築を展開期とした。内田の1960年代は、高橋靗一＋第一工房と協同した佐賀県立三部作に代表される。建築計画のプロトタイプとして設計された図書館（1963、現存）から、動的な断面と細部に光る工芸的な感性が特徴の青年の家（1967、現存）を経て、木村俊彦が《千葉県立中央図書館》（大髙正人設計、1967、現存）で開発したプレグリッド・システムによる博物館（1970年日本建築学会作品賞）まで、その歩みは戦後の近代主義建築と並行する。

一方で佐賀の有田町と武蔵学園を舞台とした1980年前後にはじまる仕事は、《有田町歴史民俗資料館》（1978）の白磁を打ち込んだPC板や《有田焼参考館》（1983）の屋根を支えるプレストレスのPC板など構法研究との関連性において理解することができる。けれども動物の骨のような断面を与えられた《武蔵大学8号館》教室（2002）の構造体の有機的な形態には、機能的な説明だけでは割り切れない造形性がある。内田は《武蔵大学8号館》の構造体について、その型枠はどこかに残っているはずだから誰か使ってくれたらと言うけれども、そうはならないこともわかっているのではないか。内田がしばしば口にする言葉に建築家の「主張」という言葉があるが、これらの線にはまぎれもない建築家内田祥哉の主張がこめられており、ここに内田が継承した「巧まない巧みさ」と、生田の言う内田祥哉の「フォーヴィズム」とが両立しているのではないだろうか。

---

[7] 前掲「座談会 1956年：日本建築の問題」、p.66。

内田祥哉 窓と建築ゼミナール
(2016年6月4日)

5

構法と造形──1

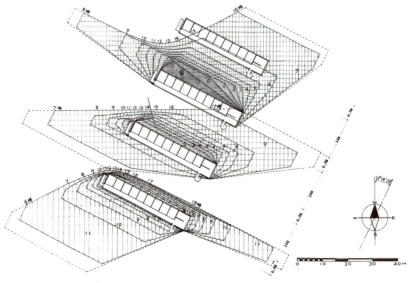

図1 《東京中央学園宿舎》の日影図

構法と造形──1

今回と次回の二度にわたって、自作を通じた構法の話をしてみようと思います。作品をひとつずつ説明すると、作品どうしの関連が複雑でややこしいので、テーマごとにまとまりをつくって話すことにします。

西に15°傾けて北側に緑

《東京中央学園宿舎》は、僕としては唯一住棟配置を考えることができた事例です図1。1951年にできたもので、今から約70年前ですね。この敷地は進駐軍に押さえられていましたので、クライアントはアメリカ軍でした。日本の通信技術を早く復活させるために、アメリカが逓信省に発破をかけていた施設で、優秀な人を集めて通信の訓練をする戦前からある養成所でした。ここで資格を取得すると大学卒業同等と見なされ、逓信省[1]に入省できるという今から考えれば恵まれた状況がありました。逓信省みずから運営する学校なので、学費は無料。入学試験は難しかったけれど、合格すれば誰でも学ぶことができました。

　敷地は京王線仙川駅の南側にあります。敷地の真ん中を通る村道で南北に

1 → 第1講・註19

分かれていて、南側には運動場がありました。北側には国際電信[2]の研究所もあって、訓練施設としては電柱の上にのぼって作業のできる施設がありました。それらを一括して電気通信のための訓練施設にして、南側には全国から集まる人のための宿舎をつくるプロジェクトでした。僕が25歳ごろの仕事です。アメリカのおかげで予算がたっぷりあるし、上司が何といっても、アメリカ側がいいといえば案が通るから、アメリカ人と仲よくしていました。

設計にあたって、隣棟間隔の見当がつかないことが困りました。当時、住棟間隔については誰も教えてくれないので、ドイツのジードルンク[3]を参考にしました。並行配置を基本としながら、ところどころにコモンスペースを設けました。そこで日影曲線をつくりました。日照問題がまだ取り沙汰される前ですが、とにかく日陰ができないようにしました。冬場にもとにかく長く陽が当たるように考えました。

北側に木が育たない場所ができないようにしたことが、この設計のこれまでにないところです。調べていく中で、朝日が当たれば木は育つと聞いたので、北側には朝日があたり、南側には夕日が当たるようにしました。人間は朝寝坊ですから、朝日は当たらなくていい。そのかわり、家に帰ったときに夕陽が当たると学生も気持ちがいいだろう、そうすれば北側にも木が育つだろうと考えました。

日影曲線は今ならコンピュータで簡単に描けますが、当時はそんなものはなかったので、東京大学の平山嵩[4]先生がつくられた日影曲線にしたがって計算しました。北側の日影ができるだけ少なくなるように、住棟の図面を何十枚と書いて検討しました。すると北緯35°の地点では、住棟を西に15°傾けると1年を通して北側に陽が当たらない時間がなくなることがわかりました。北側に木が生えれば、雑木林のようなものができて、木漏れ日の入るコモンスペースが点々と配置される。それはなかなか雰囲気がいいんじゃないかと考えたわけです。

しかし僕が逓信省をやめてしばらく経つと「住棟が真南に向いてないのはおかしい」という人が出てきたようで、南向きの建物が無理矢理間に挟むように増築されてしまいました。現実はなかなか思ったとおりにならないものですね。

2　国際電信電話株式会社のこと。1953年に日本電信電話公社から分離・独立し設立された電話会社。1998年にKDDに社名変更し、2000年にKDDIが事業継承。
3　1920年代から30年代にかけてヴァイマル共和国時代のドイツ郊外で計画的に建設された集合住宅あるいは住宅団地。バウハウスなどのモダニストの建築家が多く設計に参加した。
4　1903−86。建築家、建築学者。1926年に東京帝国大学卒業後、マサチューセッツ工科大学大学院進学。大蔵省を経て1930年東京帝国大学講師、1931年助教授、1940年教授。1963年東洋大学教授。建築環境工学の礎を築く。

図2 《武蔵学園図書館棟》断面図

南側には庇、庇の上には部屋

日差しについて考えたもうひとつのプロジェクトが、《武蔵大学図書館棟》(1981)です図2。ヨーロッパでは道路の上に庇を出して、その上にも部屋をつくることが可能ですが、日本では不可能に近い。道路の上に建物をつくることはできませんからね。逆に、自分の敷地を提供して歩道をつくるなんてこともできません。

しかし、武蔵大学の図書館は大きなキャンパスのなかにありますから、道路法の道路はありません。そこで、ここでは路上建築をやってみました。1階には柱を立てて、その上に庇を伸ばす。その上に2階を載せて、梁を出してさらに庇を伸ばす。3階はその上に建てて、さらに軒を出す。そうすると冬には1階までちゃんと陽が当たるし、そして、建物の下は道路として使えます。夏は、どの階にも陽が当たりません。

全部で南の道路側に6m張り出していて、その分、北側の高さを下げています。通常の日本のアパートだと、南をセットバックして陽が当たるようにしますが、それとはまったく逆のことをやって、北側のケヤキに根元まで陽がよく当たるように考えたわけです。

庇と縁の効果

《自宅》(1962)の庇は2mあります。そうすると普通の家よりは暗くなりますが、意外と家のなかにも陽が入ります。冬の日差しは縁側から反射して、奥

図3 冬の日差しが部屋の奥まで届く《自宅》

の部屋まで届きます図3。縁側を広く取っておくと部屋の中が明るくなる。このごろの環境建築ではこういうことをやる人が増えてきましたが、庇には日陰をつくるだけでなく、日を部屋の中に導く役割があるということです。

和倉のプレハブ化PSPC

日本の蔵はそれなりに良くできていると思います。温湿度の管理と雨仕舞いがいいですね。屋根を別に載せ、そこから熱気が抜けるようになっている。屋根の表面は夏場だと80℃を越えますが、下に空気を通してやると下の屋根は気温になるわけです。

《有田焼参考館》(1983)では、浮き屋根をつくることがひとつのテーマでした。二重になった屋根の下の部分を現場打ちコンクリートでつくるのはたいへんだろうと考えて、プレキャストでつくる方法を考えました図4。

家型の半分の形状をしたフレームを、左右から床にそれぞれ固定して、頂部で結わえ付ける。床は現場打ちコンクリートなので、それもポストテンションをかけて圧縮してやる。それを連続させていくと、チューブ状の構造ができます。

当時は佐賀県に型枠大工がいなくて困っていたのですが、福岡に自動車修理の職人で腕のいい人がいると聞いたので、その人たちに仮枠をつくってもらいました。チューブ状の構造をしっかり引っ張って固めてソリッドにして、1階の柱は少なくてすむようにしています。ピロティにチューブを載せたような構成ですね。

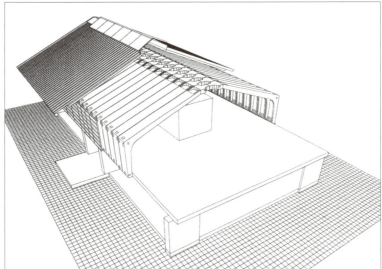

図4 和倉のプレハブ化に挑んだ《有田焼参考館》
[上 出典:『新建築』1984年7月号、新建築社／下 作図:バルフィ・ジョージ]

図5　2種類の型枠で寄棟屋根をつくった
《顕本寺本堂》［提供：長谷川一美］

　佐賀のような辺鄙なところでこうした工事ができるのか心配していたのですが、実情は逆で、工事は非常にスムーズでした。現場で雪が降ってきたことがあり、雪が降るとコンクリートの現場打ちはできないですが、彼らはかまわずにどんどん工事を進めていて、プレキャストだから可能だったのだと思いました。屋根は、空気が抜けやすいようにしています。型枠は福岡に保存し、同じものをつくりたい人に無料で提供しようと考えていましたが、結局同じものはつくられなかったので、廃棄されたんだろうと思います。

2種類の型枠で寄棟屋根

《顕本寺本堂》（2003）は2種類の型枠で寄棟屋根をつくったプロジェクトです図5。寄棟は普通に考えると3種類の型枠が必要ですが、角をひとつの型枠でつくってしまえば、あとは1種類でよい。

　問題になったのは防水層ですね。それまでプレストレスをかけた屋根は何回もやっていたのですが、プレストレスがちゃんとかかっていれば防水層はいらないという経験があったので、大林組を相手に防水層は絶対にいらないと頑張って予算を削ってしまいました（笑）。彼らは心配でしょうがないので、ついには防水塗料を塗ったみたいですが、そんな必要はなかったと思っています。プレストレスのかかったコンクリートが数年で雨漏りすることはありえないのです。防水塗装なしで「瓦を葺くまで」という話なら大林組も納得したかもしれませんが、それが「瓦を葺くお金が集まるまで」ということになったので、10年ぐらいは瓦を載せず裸でもつはずでした。

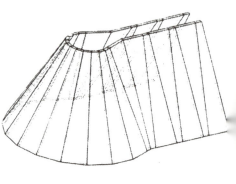

図6 1つの型枠だけで屋根をつくった《武蔵学園守衛所》［右 提供：集工舎］

1つの型枠での屋根の造形

《武蔵学園守衛所》(1988) では、目白から歩いてきたときに目につく建物をつくってくれと頼まれました。当時は変わったかたちの交番もそれほどありませんでしたから、これはやってみようと引き受けました。

　そこで、ひとつの型枠だけでおもしろいかたちができないかと考え始めました。できれば、なるべく手づくりのように見せたいということもありました。そこで、並べると円錐形ができる型枠をつくり、それを裏表逆にして組み合わせると平らな面もできるということを考えました図6。できあがったものはカタツムリのような格好をしていますが、誰が見てもこれがひとつの型枠でできているとは思わないだろうから、これでみんなを驚かせるだろうと考えました。

　構造設計は《顕本寺本堂》と同じく長谷川一美[5]さんで、彼はこういうのが好きな人だからやってくれたけど、僕が考えていたほど簡単ではありませんでした（笑）。型枠には吊り上げ用のボルト穴がないといけません。裏返して使うとなると、その穴をどこにつけるかがなかなか難しい。住宅公団の大型PC版を工場でつくるときも、つくった版を起こすのがたいへんなんですね。フランスの工場では版の立て起こしのために、トラックの上にクレーンがついたような大げさな機械をつくっています。ここでも、型枠を表に使っ

---

[5] 1955–。構造家。1978年東京理科大学卒業後、構造設計集団（SDG）勤務。1991年事務所設立。前橋工科大学教授。さまざまな建物の構造設計に携わり、プレストレストコンクリート造の構造設計も多数。

たり裏に使ったりしますし、立て起こしは容易じゃないので、長谷川君が工夫して立て起こし用のフックをつけてくれたんです。そのおかげで一型枠による変化のある造形が実現しました。

　この型枠を使って、円錐形と切妻の屋根をつくります。そこに茅葺屋根を被せれば目白通りを歩く人はびっくりするんじゃないかと考えましたが、当時は大学紛争があって武蔵大学にもゲバ隊6 がいましたから、茅葺き屋根は火をつけられたら困るというので、金属板屋根にしています。本当はチタンがよかったんだけど、高いのでステンレスです。いろんな色をめちゃくちゃにして貼っています。

　こういうことをする場合、思いきり派手な色違いを使っても、しばらくすると全然わからなくなります。埃のせいなのか、目の慣れのせいなのかわかりませんが、《NEXT21》に行っても最近はびっくりしないですよね。僕たちは初めて見たときびっくりしました。こんな色でいいのかと（笑）。建物をつくるときは、派手すぎることを恐れない方がいいです。すぐに馴染みます。

等面積の三角形で鉄骨シェル

DOCOMOMOにも選んでいただいた《東京中央学園講堂》(1956)のテーマは、同じ面積の三角形でドーム状のシェルをつくることでした図7。そのためには、ドームの頂点を五角形にすればいい。平面も五角形になっています。このころのシェルというと、丹下健三さんが松山で円形のシェルをやっていて、アメリカではサーリネン7 が三角形のシェルをやっていましたが、五角形平面のシェルはあるようでない。これだったら二番煎じだとは言われないでしょうし、五角形は舞台の平面とも相性がいいんです。

　シェルには図形的にわかりやすいものと、シュベドラー・ドーム8 のように構造解析できるものがありますが、当時はコンピュータもないので、構造解析ができるモデルを選ぶのが普通だと思われていました。しかしそれではおもしろくないので、五角形が出てくるシェルを考えたのですが、構造解析をどうやればいいかなかなかわからない。そんなとき、たまたま《東京中央学園宿舎》が表紙になった『新建築』を見たという、イギリスの『Architectural Design』の編集長モニカ・ピジョン9 さんから、自分たちの雑誌に僕の作

6　武装した学生運動の集団のこと。「ゲバ」はドイツ語で暴力や権力を意味する「ゲバルト」の略。1960年代半ば以降の日本の学生運動では、ヘルメットをかぶりゲバ棒と呼ばれる角材などを持つのが定番のスタイルであった。

7　→第2講・註6

8　1863年にドイツのエンジニアであるヨハン・ウィルヘルム・シュベドラーにより提案された、単層のトラス構造ドームの形式。静定構造とすることができ、部材の応力計算が容易であったため普及した。

9　1913–2009。イギリスのインテリアデザイナー、編集者。ロンドン大学バートレット校で学んだ後、1941年に『Architectural Design』の編集スタッフとなり、1946年編集長。1975年より王立英国建築家協会が発行する『RIBA Journal』の編集を務める。

図7 《東京中央学園講堂》［撮影：GEN INOUE］

品を載せてよいか打診する手紙が来たんです。このころは海外に手紙を出すだけでもたいへんな時期ですから、僕にとってはとても嬉しいことでした。送られてきた見本誌には《ロンドン・フェスティバル・ホール》(1951)が載っていて、その脇に6ヵ月間の仮設建築としてつくられた《ドーム・オブ・ディスカバリー》をつくる段階の設計図や実験についてのテキストも載っていました。それを読むと、計算が難しいシェルでも、実験をすれば構造が確かめられそうなことがわかって、実験してくれるところを探しました。

そのころ、僕は宮内嘉久[10] という変わった編集者に誘われて、前川國男[11]さんや吉阪隆正[12] さんたちと一緒に『建築年鑑』の編集委員をやっていました。そこで賞を出すことになり、第1回目の審査をしたところ、出てきたのが《八戸火力発電所貯炭場上屋》(1958)です。とてもきれいな鉄骨シェル構造の上屋で、これならば日本の代表として打ち出しても世界に対して恥ずかしくないだろうと、すっかり感動して賞を出すことに決めました。

これも二等辺三角形を単位としたシェルでしたが、その構造は巴組鐵工所（現・巴コーポレーション）の松下冨士雄さんが担当し、模型を使った実験をやって解析したということを聞いたんです。それで、東京中央学園の講堂も松下さんに頼めばできるだろうと確信を持ちました。しかし、なぜそれほど難しかったかというと、鉄骨造の設計は当時、日建設計くらいしか経験がなかったのですね。日建設計は満州で塔や橋を設計していましたが、内地ではまだ経験がなく、溶接の基準もなかった。溶接ができて、しかも解析ができるところを探していたら、巴組の松下さんができるらしいとわかった。そこで連絡したら、やってみましょうとあっさり引き受けてくれて実験が始まりました。実験は鉄筋をつないだ10分の1模型をつくって、それに重りを吊り下げ、鉄筋にストレンゲージ[13] を貼るというものでした。しかし松下さんは、実験の結果が本物と同じかどうかに疑問をもっていて、さらにもうひとつ手解析のできる部品数の少ない模型をつくり、手解析と比較しました。これは大きな模型では接点が多すぎて手解析ができなかったからです。この結果を大きな模型の実験結果と比較し、実現できるという結論になったのです。

その実験をやっているところに、たまたまバックミンスター・フラー[14] が見学にやってきたんです図8。当時のフラーは日本ではまだそれほど有名で

10　1926−2009。編集者、建築評論家。1949年東京大学卒業。
新日本建築家集団（NAU）の事務局員として機関誌の編集を務めた後、『生活と住居』、『国際建築』、『新建築』、『建築年鑑』などの編集に携わる。1958年事務所設立。

11　→第1講・註9

12　1917−80。建築家。1941年早稲田大学卒業、同大学院進学。同教務補助などを経て1949年助教授。同年フランス政府給付留学生として渡仏しル・コルビュジエに師事。帰国後の1953年に大学構内で設計活動を開始。1959年教授。

13　物体のひずみを測定するための力学的センサ。金属に外力を加えて伸縮させると、その抵抗値も増減することを利用して測定する。日本では1940年代に実用化。ひずみゲージとも。

14　1895−1983。アメリカの思想家、発明家、建築家。1913年から1915年までハーバード大学で学ぶ。アメリカ海軍などを経て研究生活に入り、いくつもの企業を起業。生涯にわたり人類の生存を持続可能なものとする方法を追求。

図8 《東京中央学園講堂》の模型実験(上)と実験を見学するフラー(下)

はなくて、僕も自動車や住宅をつくっている人だと思っていたので[15]、フラーがドームをつくっていることはそのときに初めて知りました。フラーはストレンゲージを使った実験はしていなかったそうで、非常に興味を持ってくれました。「模型に人がぶら下がってみて、壊れなきゃいいんだ」なんて言っていました。「では風の実験はどうするんだ」と訊いたら、「飛行機のプロペラの前に置いておけばいい」などと言う。当時の日本は飛行機なんて1台もない状況ですから、それは無理でしたが、楽しく会話をしたのを覚えています。

このころのフラーは、シカゴのフォード・モーター社の建物の中庭に、最初のジオデシック・ドーム[16]をつくっていました。僕たちは興味をもって、球を三角形で等分割する方法をフラーから聞きました。それを早川正夫[17]さんがつくってみようと言い出し、高橋靗一[18]さんが構造材の長さを計算して、材料を買ってきて模型をつくりました。この模型は長い間、御茶ノ水の明治大学の、堀口捨己[19]先生の研究室のある校舎の中庭にぶら下げてあったんですが、工学部が生田に移転するときに処分されました。その後フラーは、《東京中央学園講堂》（1956）の完成に合わせてもう一度来日することになります。

雑誌『Architectural Forum』の編集長だったピーター・ブレイクの本の最後に、「20世紀技術の失敗」という記事が載っていて、そこにモントリオール万博のアメリカ館としてつくられたジオデシック・ドームが燃えている写真が出てきます。僕はこれを見て、このドームは燃えてなくなったものだと思っていたのですが、その後カナダでUIA（国際建築家連合）の大会に出席したタイミングで、その燃えかすを見ようと思って行ってみたところ、骨組みが丸ごと残っているのに驚きました。火事で燃えたようにはまったく見えない。骨組みはアルミでできているんですが、燃えたのは外装のビニールだけだったそうです。アルミのカーテンウォールの場合は火事になると溶けてひとかたまりになってしまうと聞いていましたから、アルミの骨がそのまま残っていることは信じがたかったですが、ビスひとつまで燃えなかったそうです。ビニールがあんなに激しく燃えたのに、なぜアルミは無傷だったのか。知りたいことのひとつです。

---

[15] フラーは20世紀の巨人の一人であるが、1950年頃はコンセプトカー《ダイマクション・カー》や住宅のプロトタイプ《ダイマクション・ハウス》が知られている程度で、著書もわずかであった。

[16] 1947年にフラーが考案したドームで、線材で構成された正三角形の構造部材を組み合わせた構造物。最小限の表面積で最大限の容積を覆うというコンセプトのもと考案されたため、軽量の部材で大空間を覆うことができる。

[17] 1926–。建築家。1948年東京大学卒業。在学中に非常勤講師を務めていた堀口捨己の講義を聴き師事。1951年明治大学堀口研究室の助手となり堀口の設計を補佐。1962年に事務所を設立し堀口と協働。数寄屋建築の第一人者。

[18] 1924–2016。建築家。1949年東京大学卒業、通信省入省。二省分離後は郵政省に所属。1956年武蔵工業大学（現・東京都市大学）助教授。1960年事務所設立。1967年大阪芸術大学教授。終生モダニストを貫き、構造や細部の表現を追求。

[19] →第1講・註2

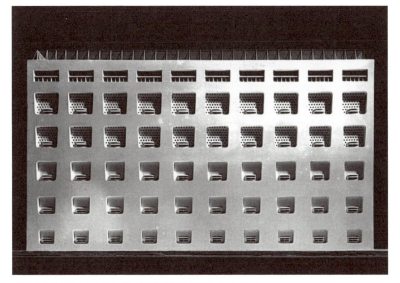

図9 有孔耐力壁のある《霞ヶ関電話局》(模型)［撮影：平山忠治］

有孔耐力壁のあるラーメンフレーム

《霞ヶ関電話局》(1957) は、外壁を耐力壁にした建物です。帝国ホテルの隣にあって、今ではビルが建て込んでほとんど外観が見えませんが、東京駅から新幹線に乗って西側の窓から覗くと、少しだけ見える瞬間があります。

当時、窓のある壁が耐震壁として使えないのはもったいないという考えから、孔が開いていても機能する耐震壁の計算方法を武藤清[20]先生が考えたんですね図9。プランを見ると、ラーメンフレームの柱が並んでいる外周の三方に壁があります。この壁を耐力壁にすれば、ずいぶん効率のよい設計ができるだろうと思ったんです。最初はこれだけたくさん壁があるんだから、壁厚は20cmくらいでいけると思って設計図を描いていましたが、そのうち構造設計者がやってきて「25cmにしてくれ」と言う。その次は「30cmにしてくれ」と、どんどん厚くなっていくわけです。どうしてそんなに厚くなるのか理由を聞くと、ラーメンのように柔らかい構造の外側に硬い壁ができると、地震の力がそちらに集まってしまい、25cmだと壁がやられてしまうかもしれないということでした。そんなに壁が厚くなるなら、中の柱はいらないんじゃないかと聞いたら、とんでもない、柱は垂直荷重を支えるものだから必要だと言う。どのくらいの太さの柱が必要かと聞くと、純ラーメンで設計した場合とほとんど変わらないくらいなんですね。この経験で耐力壁に頼

20　1903-89。建築家、建築学者。1925年東京帝国大学卒業。
1927年同助教授、1935年教授。関東大震災の経験から耐震工学を研究し、その実用化に貢献。
退官後の1963年に鹿島建設副社長に就任し、霞が関ビルの設計・建設を指導した。

る設計は無駄だと感じました。

　しかし、この建物は僕が電電公社で設計した建物の中で、おそらく将来的にも壊されない建物のひとつだろうと思っています。というのも、ここには通信系の巨大なインフラが入っているからです。これを取り替えようとすると、都市のインフラ全体を変えざるを得なくなるから、それは考えにくい。そういう意味で、建物に壊れるところがあったとしてもまた補修しないといけない。インフラは壊れたところを直していくので、寿命がいつまででも続きます。

もっぱら均等ラーメンに頼る

《名古屋第二西電話局》（1954）は《霞ヶ関電話局》の前に僕がラーメンだけで設計した建物です。プランは《霞ヶ関電話局》とほとんど同じで、柱の太さもほとんど同じ。外周はカーテンウォールです。ラーメン構造は均等な純ラーメンが結局お得なのではないでしょうか。といっても、耐震壁が要らないわけではなく、多少は必要なんですが、耐震壁は最小限にすべきで頼りすぎると、そこに力が集まってきて具合が悪い。

　この現場にはいろいろなことがありました。工事は戸田建設が請けたのですが、戸田建設がなぜこの工事を受注したかというと、鉄筋の拾いを間違えて、他の会社より桁外れに安い見積りを出してしまった。赤字工事をやらなきゃいけないのかと、ものすごく慌てていました。ところが地面を掘ったところで砂が出てきたんですね。すごくいい川砂で「これはコンクリートの細骨材に使える」となってなんとか採算があったようです（笑）。昔の現場にはそういう楽しさがあったんですよ。今は仮設工事が全部外注ですから、おもしろみがないですね。

ポストテンションで各階無柱

武蔵大学の校舎ではもっぱら無柱空間をつくりました。この大学の前身は旧制武蔵高等学校で、1922年の創立以来の校舎が今でも使われています。なぜかというと、校舎の階高が高く、間仕切りが動かしやすかったため、何度も間取りを変えていろいろな使い方ができたからです。高校の大坪秀二校長はとにかくフレキシビリティの高い校舎でよかったといっていて、僕も同感です。《武蔵高等学校新棟》（1997）は柱1本にスラブひとつを載せてつなげていくシステムとしましたから、どうにでも間仕切ることができる 図10。柱とスラブはピアノ線でポストテンションをかけたプレストレス[21]構造です。プレストレスをかけると建物としては少し柔らかくなります。柔らかくなるから耐震壁はなしでもできる。

　壊れない耐震壁は使いにくいことがわかってきたので、耐震壁をつくるな

図10 《武蔵高等学校新棟》

図11 動物の骨のような中空の構造体を持つ《武蔵大学8号館》

ら地震のときに壊れるようにしておくか、さもなければ耐震壁なしとするのが今のところ合理的だと考えています。

最上階無柱空間、構造体は動物の骨の如く

その後につくった《武蔵大学8号館》(2002) も、各階無柱空間としました。どのくらいの広さがあるかというと、22.5m×27mで、オフィスビルにも引けをとらない大きさです 図11,12。大学の中教室3つ分の大きさで、小さな教室ならば8つはとれる広さです。これも基本的にはプレストレスの柔らかい構造でつくっていますが、一部を現場打ちコンクリートの耐震壁で補強して床の水平剛性で、全体をバランスさせています。

基本モジュールは4.5mで、各階まったく違う部屋割りが6階まで続きます。最上階は本当の無柱空間です。この建物で一番苦労したのは樋ですね。どこに通すべきか苦労しました。教室内のダクティングとワイヤリングは飛行機の天井のようになっていて、プラスチックの真空成型でつくったカバーに配線を納めています。このころから天井を全体に貼らないようにしてきました。

僕は最上階には屋根をかける主義です。屋根の構造体はプレストレスをか

---

21 コンクリートにPC鋼材を使ってあらかじめ応力をかけておくこと。荷重がかかったときに引張応力が発生しない効果がある。打設前にPC鋼材を緊張するプレテンション方式と打設後に緊張するポストテンション方式がある。

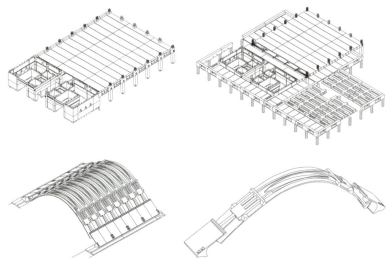

図12 《武蔵大学8号館》構成図とアーチフレーム

図13 小屋組からの吊り構造で無柱空間をつくった《武蔵大学6号館》

けたプレキャストのシェルになっています。ただ、配線やダクトを普通に入れるとほとんどフレームが見えなくなるので、ダクトが納まるような複雑な断面にしました。動物の骨をみると、中に神経や血管が通るようにできていますが、この構造体もそのようにつくるべきだと考えました。照明も空調もダクトもフレームを隠さないように通しています。その結果、天井はなしです。屋根の構造体となるアーチ状のユニットは、3つのピースでできています。北海道でつくって船で運んできました。

地下の無柱空間、教室は小屋組から吊る

《武蔵大学6号館》(1997) の地下にはプールがあります図13。もともとこの敷地には高等学校のプールがあって、大学側はそこを教室に利用したい。しかし高校側は先輩たちが寄付したプールだから壊されては困る。そうなるとプールの上に教室をつくらなければいけないから、プールは地下に沈めることになりました。プールに柱を立てるわけにはいきませんから、上の教室を支えるための大きな梁が必要になる。しかし、その梁が地面の上に出ないように計画しようとすると、大きな梁を潜らせる分だけ階段が増えて、土を掘る量も増える。そこで、梁せいを小さくするために、全体を最上階のトラスから吊り下げています。すると中間階にも柱が出なくなって、部屋の間仕切りが自由になりました。

格子梁とランダム柱

《佐賀県立博物館》(1971) は、平面の中心に現場打ちの丈夫な十字の構造体が通っていて、それが回転しないように、事務関係の機能が入る現場打ちのボックスが入っています図14。展示室は十字の構造体から床を張り出してつくるので、それぞれ自由なかたちにできる図15。柱は必要なところにおけばよい。そういう考え方でできています。なぜこんなにピロティで持ち上げているかというと、ここは水が出る地域なんですね。収蔵庫を地上に置くわけにはいかないので、収蔵庫も一緒に持ち上げているのです。

　しかし当時とは耐震基準が変わりましたので、今は耐震補強で非常に苦労しています。ひとつは、壁の強度が足りないところをどう補強するかという問題。もうひとつは、外壁のカーテンウォールの取り付け基準がない時代の建物なので、ただ留めているだけなんですね。そうすると、地震で建物全体が動いたときに、外れるんじゃないかという心配があります。今なら取り付け金物をロッキングさせたり、スウェーさせたりして[22]、地震に耐えるようにつくるのですが、これはまだそのようにはできていないのです。

　この建物は雨漏りでも苦労しました。強い雨が降ったときに「漏れてますか？」と電話すると、「漏れてます」と返事がくる。雨があまりによく漏れる

図14 《佐賀県立博物館》[撮影：相原功]

ので、屋根を葺き替えたりして、散々でした。葺き替えたのはステンレス溶接の屋根が出はじめたころで、槇文彦の《東京体育館》とほぼ同じ時期です。当時は半信半疑でしたが、おかげで漏らなくなりました。

　展示室の床は格子梁で支え、そこにランダムに柱を立てています図16。構造設計は木村俊彦[23]さんですが、木村さんは必ず格子の交点から柱を外すんですね。交点に柱を配置すると、柱に近い梁に力がかかってそこだけ梁を太くする必要が出てきます。そこで、柱から腕木のような梁を出して、それを格子梁のグリッドの中央に配置することで、格子梁はすべて同じ寸法で納まる。格子梁の交点を避けて柱を配置するという考え方は《武蔵大学科学情報センター》(1988) でも採用しましたが、構造以外にもさまざまな面で意味のあることです。

　《武蔵大学科学情報センター》は、武蔵学園のなかにつくった鉄骨造三階建ての建物です。柱はランダムに落ちています。初めはどこに柱を置いても成立する構造にしたかったんですが、木村俊彦は絶対にそういう考え方はしてくれない。それで、柱の位置と梁の太さを精密に関係づけて計算してあります図17。もともとは、非常に不整形な敷地に昔ながらの建物が建っていて、その建物を残したまま、またいで新しい建物を建てて、しかもそれをフレキシブルな空間にしようという計画です。このときは近角真一[24]さんと深尾

22　地震時には水平力により構造体が変形するが、カーテンウォールはこれに追従させる必要がある。ロッキングとはカーテンウォールのパネルを回転させて、スウェーとはスライドさせて変位に追従させる方式である。

23　→第3講・註33

図15 《佐賀県立博物館》の現場写真［提供：第一工房］

5 構法と造形 — I

図16 《佐賀県立博物館》の格子梁をランダムに支える柱

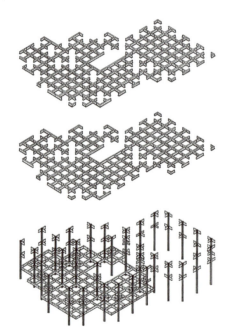

図17 《武蔵大学科学情報センター》の構造システム［作図：集工舎］

精一[25]さんがたいへん厳密なモデュラー・コオーディネーション[26]を考えてくれました。サッシや間仕切りのディテールも工夫して、やろうと思えば間仕切りの移動どころか、外壁の移動もできる建物になっています。

　ただ、教室の間仕切りをフレキシブルにするといっても簡単ではない。教室の間仕切りは隣の教室の声が聞こえないように遮音しなければいけませんが、そうすると天井の上のスラブまで壁が到達しないといけない。そして天井パネルは天井のグリッドに載らないといけない。それが矛盾するんですね。普通にやると、壁には厚みがありますから、田舎間[27]と同じ理屈で、教室の大きさが変わると天井のグリッドも変わってしまう。その矛盾をどう解決するかということで、柱と同じように、天井のグリッドから半分ずらして間仕切りを置いています。すると、グリッドでできるバンドを1本取り除くと、そこに間仕切り壁が入れられて、その両側は手づくりで埋めればよい。間仕切り壁も天井スラブまで到達しますので、遮音や防火区画としても成り立つことになります。

討議

構法が先か、造形が先か

門脇　格子梁と柱を半グリッドずれるという発想はたいへんおもしろいと思っているのですが、それはどこから思いついたのでしょうか？　日本の寺院建築を見ていると、垂木のグリッドと柱のグリッドは半分ずれています。深尾先生の言い方を借りれば、柱のグリッドは部材の位置だけを決める位置指定型グリッドですが、垂木は母屋の格天井のグリッドと揃っているので、天井パネルの大きさを決める領域指定型のグリッドです。これと同じ話ではないかと思っています。

内田　それは知りませんでした。昔の人に何かと何かをずらすという意識が最初からはっきりあったわけではないでしょうから、最初に構造体があって、それが邪魔になる場合は上にくるものをずらしてみて、しばらくやってみる。それでしばらくやっていって、またうまくいかなくなったら、半分ずらして調整する。そのようにしてできたシステムなんだろうと思います。京都のまちづくりでも同じことが起きているでしょう。

24　1947–。建築家。1971年東京大学卒業。大学で内田祥哉に師事。内井昭蔵の事務所などを経て事務所設立。武蔵学園の一連のプロジェクトや《NEXT21》で内田と協働。フレキシブルハウジングの設計やストック再生の実績多数。

25　→ 第3講・註13

26　→ 第3講・註28

27　江戸の町家に使われたというモデュラー・コオーディネーションの手法で、3尺を単位とするシングルグリッドの交点に柱芯を合わせて間仕切る。畳を敷き詰める場合、畳の大きさが部屋の面積によってまちまちとなる。「江戸間」ともいう。

門脇　素人目で観察しているかぎり、古代の建物では柱と垂木のグリッドが揃っているのですが、木割が洗練されるにつれて、柱と垂木のグリッドを半分ずらすことが当たり前になるようです。たしかに内田先生がおっしゃるようなプロセスを経ているのかもしれません。僕は日本の伝統から学んだものかと思っていたのですが、それぞれ独自に同じような考え方に行き着いたというわけですね。しかし、近代建築ではグリッドをずらすという発想がそもそもあまりありませんから、この発想は内田先生らしいなとも思います。

内田　フリーハンドで設計すれば、屋根と平面の芯は自然とずれるのでしょうが、近代建築をやりながら、近代建築からできるだけ離れるためには、芯をずらした方がいい。自分自身の設計を分析してみると、そういう考え方をしていたのだと思います。

藤田　今日の講義のタイトルは「構法と造形」ですが、内田先生の設計においては、造形と構法、どちらが先にあるのでしょうか。

内田　造形だけでやるのが藤森照信[28]ですが、藤森さんの造形の方が僕よりはるかに自由自在。でも、それじゃ僕らしさがなくなってしまう。

門脇　エスキスはどのように進めるんですか？　図面を描くのか、模型をつくるのか、もしくはスケッチをするのか？

内田　頭のなかでやります。三次元の取り合いはスケッチもできませんからね（笑）。図面を描くにしても、平面図は断面がわかってなきゃ描けないし、断面図は平面が頭のなかにないと描けない。

コンクリートの不確かさ

門脇　今日はやはりコンクリートのお話が多かったと思います。内田先生はコンクリートについてどう考えていますか？

内田　コンクリートは僕にとっては半信半疑な素材です。僕が大学にいたころ、コンクリートは100年もつと言われていましたが、今あらためて考えてみると、当時はコンクリートが登場してからまだ30年しか経っていなかった。その時代に、どうしてコンクリートは100年もつなんて言えたのかというと、それはコンクリートは丈夫だという信念があったからだと思います。しかしアスプルンド[29]は、100年もつかどうかは100年経たないとわからないと言っています。

藤原　しかしプレキャスト・コンクリートはよく使われています。

28　1946–。建築史家、建築家。1971年東北大学卒業、東京大学大学院進学。1982年東京大学講師、1985年助教授、1998年教授。日本近代建築史を研究し、1991年より建築作品を発表。近代的な構法の建物を自然素材で包むのを特徴とする。
29　グンナール・アスプルンド。1885–1940。スウェーデンの建築家。王立工科大学などで学んだ後「クララ・スクール」設立。エストベリの強い影響を受け北欧新古典主義を主導し、後に近代建築へ展開。1931年王立工科大学教授。

内田　現場打ちコンクリートの建物は、はたして自分の思ったとおりにつくらせることができるのかしらんと思うくらい、つくり方によって性質が変わってくるでしょう。それがプレキャストになると、かなり品質コントロールできて、安心感がある。

　実際、現場打ちコンクリートの強度はなかなか単純ではない。実際の建物からセメントの部分だけの小さなテストピースを抜いて、コンクリートの強度を調べる研究があるそうですが、セメントの強度とコンクリートの強度は同じではない気がしています。コンクリートの強度は砂利の入り方によって変わりますが、砂利の入り方は必ずしも一様ではない。そのやり方ではモルタルの強度はわかっても、コンクリートの強度はわからない。しかしそこまで現場でコントロールするなんて、とてもじゃないけどできません。

羽鳥　現場打ちコンクリートでラーメン構造をつくると、ひびが入ったところからコンクリートは弱くなっていきます。ひびが入らないようにするには、部材にプレストレスをかけておき、部材どうしをピース・バイ・ピースでつなぐ方がより合理的だろう。かつ、型枠が少ない方が経済的にも合理的でエレガント。内田先生のお考えには一理あるなと思いながら拝聴していました。

　そうした考え方は、現代のデジタル技術を使ったパラメトリック・デザインにも通ずるものがあるような気がします。一方で、現代のデジタル・デザインは、「部位ごとの役割を最適化する」という考え方を表現したいという欲求を抱えており、構造表現主義的になりがちです。たとえば《佐賀県立博物館》をデジタル・デザインでやるとすると、ランダムな柱の応力分布がそのまま格子梁の太さに表れるような表現をしがちです。

内田　しかし、それでは生産性が悪くなりますよね。

羽鳥　生産性は落ちますが、応力のグラデーショナルな変化を見せた方が、デジタル・デザインをしたということがはっきりする。それで型枠の種類は多くなりますが、むしろその型枠をいかにカスタマイゼーションして生産するかという方向にデジタル・デザインは向かっているように感じます。とはいえ、型枠大工さんにとっては型枠の種類は少ない方がいいし、ぎりぎりの応力分布を表現するよりは《佐賀県立博物館》のような考え方の方が冗長性は高い。内田先生は、最近のコンピューターライズされた建物をご覧になるとき、どういう感想をお持ちでしょうか？　非合理だと思うのでしょうか？

内田　最近は建物をたくさんつくらなきゃいけない時代じゃなくなったでしょう。だから余裕があるならそういうつくり方をしてもいいとは思いますよ。佐々木睦朗[30]さんのような考え方を進めると、現代的な手づくりに行き着く。一つひとつが全部違うものづくりです。僕たちだって、プレキャストを使って手間を省くとは言いながら、他とは違うものをつくらなくてはいけないという思いはある。そこは共通しています。

---

[30] 1946–。構造家。1968年名古屋大学卒業、同大学院進学。1970年より木村俊彦の事務所にて建築構造設計に携わり1980年事務所設立。磯崎新、伊東豊雄、難波和彦、妹島和世らと協働する。1999年名古屋大学教授。2004年法政大学教授。

有機的な造形と有機的なつくられ方

内田　鉄筋コンクリート造のモノリシックなデザインは、コンクリートの歴史が始まって以来、日本が一番たくさんやっていると思います。外国のデザインは、どこかでピースが基本となっているものが多いでしょう。というのも、日本はモノリシックにしないと地震に耐えられないと考えていたからですが、モノリシックなものを修理することを考えると、たいへんなコストがかかる。どこか一ヵ所を修理しようとすると、全部修理するはめになるようなところがあって、それよりは木造のように、部分が取り替え可能である方がはるかに合理的。プレキャスト・コンクリートはモノリシックではなく、この観点からすれば木造に近いものですから、将来はそちらの方向に向かうのではないかというのが、僕の予想です。

門脇　内田先生のグリッドは基本的に均等グリッドで、モデュール自体は不変です。しかし佐々木睦朗さんやデジタル・デザインが志向しているのは、不均等グリッドですよね。その違いは「ピース型」と「モノリシック型」の違いにも通じそうですし、根っこのところには相当に美学の違いもあるのではないか。

藤原　内田先生は、柱さえ好きなところに移動できる和小屋こそ建築の究極だというお話をされていました。有機的な造形ではなく、有機的なつくられ方に価値を見出す姿勢が内田先生のベースにあるんだろうと思います。その姿勢は、柱と梁を半グリッドずらすという今日のお話にもつながっている。

　梁を不均等な柱配置に応じて設計すると、柱が移動できなくなってしまうので、内田先生としては納得がいかない。佐々木睦朗さんは木村俊彦の弟子筋ですが、佐々木さんも木村さんと同じく、どちらかというと力の流れの不均等さが反映された造形に重きを置く。そこにはポリシーの葛藤があるなと思いました。

門脇　均質なグリッドが仮定されることで、融通無碍に配置できる自由が生まれる。場所ごとの状況に応じた不均等グリッドは、むしろ変更に対しては不自由になる。

藤原　そこにリベラリズムというか、なにか内田先生の思想を感じますよね。窓についても、そうした思想で捉え直してみたいですね。フラーは思想家だったという話もありましたが、内田先生もすごい思想家であって、部材ひとつの話が建築のあり方にまでつながっていく。窓からでも思想が語れるのではないかと勇気をいただきました。

近代技術の突端を見極める

戸田　内田先生の設計活動は60年代と70年代に少なくなりますが、この時期をはさんで、テーマが大きく前後半に分けられると考えています。前半はモダニズムの時代。お話しのなかでバックミンスター・フラーやモニカ・ピジョンが出てきましたが、外国から学びながら設計されていた様子が見てとれます。

1963年の《佐賀県立図書館》は日本におけるモダニズム受容の最良の例のひとつだと思いますが、1971年の《佐賀県立博物館》は学習の時代を脱した、日本独自のモダニズムのひとつの到達点となりました。このような軌跡は、メタボリストなど1920年代生まれの建築家たちに共通するものです。一方で、内田先生をユニークにしているのは、その後《有田町歴史民俗資料館》や《有田焼参考館》で、研究として追求されていた「構法」がプレキャスト・コンクリートというテーマに具体化して、自在に設計に取り組まれていることです。60年代から70年代は研究で忙しかったのだと思いますが、後半の80年代以降は、研究の成果が創作活動にもダイレクトに反映されている。内田先生の設計活動にみる「受容期」と「展開期」のような流れは、日本の近代建築の歴史とパラレルであるともいえます。60年代の受容ー展開期を脱した日本の建築家は、ポストモダンと呼ばれるある種の表現主義へと転換していく。しかし内田先生は、プレキャスト・コンクリートという構法的なテーマを手にして、旺盛な創作活動を展開されていた。内田先生の研究と設計の関係は、のちの《NEXT21》につながるシステムズ・ビルディングの文脈で理解されていますが、研究と創作が結びついた80〜90年代のプレキャスト・コンクリートによる一連の建物も戦後の建築表現史のなかに位置づけられるべきだと思います。

　内田先生としても、外国のことがあまり気にならなくなってきた時期があったのだろうと思います。それは建築産業が成長したこととも関係していると推察するのですが、先生の実感として、転換点として思い当たるものはあるでしょうか？

内田　おっしゃるように昔は、日本は遅れているという印象が強くありました。ことに戦争中のブランクが大きかったので、それをどうやって取り返すかという思いがあった。しかしあるときから、日本が独自の発展をしたことを認識しはじめました。それは地震に対する備えに目処がつきはじめたころだろうと思います。しかし地震に対する強さと耐久性は別の話で、耐震性はいつの日かここまでやれば大丈夫だというところまでいくと思いますが、耐久性についてはまだ見通しがない。将来的には耐久性の方が日本にとって大きな問題になるだろうと思っています。

　耐久性の問題をはっきりと認識したのは、オーギュスト・ペレの《ル・ランシーの教会》を1980年に見に行ったときですね。あのころの《ル・ランシー》はコンクリートが崩壊寸前の状態で散々でした。一方でラグナル・エストベリが設計した《ストックホルム市庁舎》はびくともしていなかった。そこで、できた時期にどのくらいの差があるのか調べてみたところ、じつは同じ年にできていたんですね。ペレは純粋に新しいものを追求して、真面目にやったにもかかわらず、それでもいろいろなことを見落としていた。日本は災害大国ですし、近代建築にはもっと見落としが多いはずです。

　たとえばモノリシックな建築は、修理の方法がまったく考えられていない。対して木造建築が長生きするのは、部品の取り替えがきくからです。これからはそういう方向へ向かわなければいけないと思います。取り替えが頻繁に

なされるようになれば、日本の建築産業だって建替えに頼らず長生きできると思います。

　今は建築工事のお金の大部分は設備工事にかけていますよね。にもかかわらず設備の寿命は建物の5分の1しかないから、生産量も5倍必要なわけです。そうすると、建築家はやめて設備屋をやる方がずっと将来が明るいことになってしまう。そういうところに目が向いていない。耐久性のことを考えると、基本的な部分で考え直さなきゃいけないことがまだたくさんある。

門脇　近代的な技術と材料を使い、昔ながらの構法を取り戻したいという思いが内田先生にはありましたか？

内田　それは明確にあります。日本の場合はね、これだけ建築家が多くて、災害も多い。単に造形だけを考えているわけではないところも建築家に共通している。そこから新しいデファクト・スタンダードができていく可能性は大きい。近代技術の先はここですよ、という方向を見極めたいとずっと思っています。

内田祥哉 窓と建築ゼミナール
(2016年6月25日)

6

構法と造形──2

構法と造形——2

前回に引き続き、自作の話です。前回は建物全体の話をしましたが、今回は部分についての話をします。構法と造形の関わりあいを、ディテールの視点を通じて見てみようというわけです。

壁持ち出し階段

《津島電話局》(1951) は名古屋の津島という場所にあります。最初に津島と聞いたときは離れ小島かと思っていたのですが、何のことはない、広々とした平地でした。このあたりには木曽川、長良川、揖斐川の3つの川が流れていて、洪水になるとこの場所だけが島になって残るので、津島と呼んだそうです。

　当時は電話の交換機がない時代で、交換手というお嬢さんたちが電話局では働いていました。洪水になっても彼女たちが働けるように、交換台を高いところに上げました。そうはいっても交換台から下に避難する経路も必要で、それを日本にはまだなかった壁面からのキャンチレバーの階段でつくってみようと思いました。しかし壁面の長さが足りず、階段を折り返さなければならなくなった。それで持ち出しの長さを降りる途中で倍にして折り返したのですが、こういう階段はヨーロッパでも珍しかっただろうと僕は思っています図1。折り返し階段はそもそもキャンチレバーではやらないものですからね。ただ、この階段から怪しげな人間が上がってきてしまうとよくない。ことに上にはお嬢さんたちがいっぱいいるわけですから、階段を降りた先には池をつくることにしました。普段なら池に入るのは躊躇するけど、洪水のときはどうせ濡れるんだから大丈夫だろうというわけです。

RC部品でささら子階段

《武蔵高等学校新棟》(1997) は建物全体をプレキャスト・コンクリートでつくったので、階段もプレキャスト・コンクリートでつくりたかった。そこで真ん中に梁があって両側にギザギザのささらがある、橋梁型の階段をひとつのピースとしてつくりました図2。1階から最上階まで、全部の階段が同じ型でできています。

　この階段については忘れられない逸話があります。《武蔵高等学校新棟》は1階から最上階まで階高が同じだから問題なかったのですが、同じ階段の型を使った《武蔵大学8号館》(2002) は、地下室から上がる階だけ階高が1cm違いました。しかし型枠をふたつもつくると予算が合わなくなるので、請け負った建設会社が僕に文句を言いにくる。僕はなんて融通が利かない

図1 《津島電話局》の壁持ち出し階段　　図2 《武蔵高等学校新棟》のPCa階段

会社なんだと思いました。というのも、僕はフランスでPC階段のかけ方を散々見てきたけど、フランスでは階段の下端を滑らないように留めたあと、上端は梯子のように寄りかけるだけなんですね。楔を入れたうえで、階段を少し起こすか寝かすかして床のレベルに合わせるんです。しかもフランスの工事は雑。しかしあんな雑な工事でうまくいっているのなら、1cmくらいのレベル差で同じことができないわけがない。その話をしても、日本の建設会社は精度を気にするからか頭が固いからか、難しいと最初は言われました。しかし階高で1cmのずれが、1段ごとだとどのくらいのずれになるのか計算してみなさいと言ったら、その時は納得しなかったんだけど、1週間くらいかかって、新しい型枠はつくらないでやることにしましたと言ってきた（笑）。建築の精度からいうと、階高と階段が3〜5cmくらいずれてたってどうってことない。しかし慣れていない工事だと、そういうことがわからないのです。

フィーレンディールの手摺側桁

もうひとつ階段を紹介します。《東京中央学園宿舎》（1951）でマルセル・ブロイヤー[1]のデザインした階段を真似て、手摺と側桁を水平材で結んでつく

1　1902−81。ハンガリー出身の建築家、家具デザイナー。
1921年からバウハウスで学び、1925年に教官となる。ドイツでナチスが台頭するとイギリスに移住。
1937年よりアメリカに移住しハーバード大学デザイン大学院で教える。

りました。ところが本家ブロイヤーの階段の方がはるかに華奢なんですね。なんでこんなに違うのかというと、要するに構造計算ができてないからです。いいかげんに計算して、まあ大丈夫だろうといって太めにつくると、不格好になってしまう。

そこで2期工事のときには、1期工事でできた階段にセメント袋を載せて、どのくらいの重さに耐えられるか実験をしました。その結果、2期工事では見違えるようにスマートになった。この実験でわかったのは、この手摺と側桁が合わさってフィーレンディール[2]のような効果が出るということ図3。それならばよりフィーレンディールらしくつくった方がいいということで、突き詰めていくと、これ以上なくシンプルな階段ができる。逓信省にいる間は、この階段をずいぶん愛用しました。

三角面の屋根仕上げ

次は屋根です。《東京中央学園講堂》(1956)のドームをつくるとき、同じくらいの面積の三角形で分割できるようにして、その三角形の面をいかに効率的につくれるかを考えていました。当時はお金がない時代ですから、少しでも無駄をすると叱られる。そこで矩形の板を割り付けてみると、三角形の底辺に板を合わせれば、余分はほとんど出ないということがわかりました図4。

垂木には亜鉛塗鉄板の薄い板を使っています。施工の前にこの垂木をつくって載ってみて、どのくらいまで薄くできるか実験しました。

ここでは天井と屋根を一緒につくってしまおうということで、この垂木の下側のフランジに天井板を載せ、上端に屋根の下地を載せてモルタルを塗ったうえで、風で飛ばないように釣り子を仕込んで抑えています。ただ、この時代のドブ漬け[3]はメッキ厚を薄くできなかったので、結果として耐候性の高いものになりましたが、現在はこれ以上ない薄さでメッキをするので、同じことをするのはちょっと心配です。

このころはLGS[4]の研究を広瀬鎌二[5]さんたちと一緒に毎週夜遅くまでやっていましたから、鉄板の曲げ方についてはいろいろなことがわかっていました。

---

2 フィーレンディールトラスのこと。梯子状の構造体で、部材を三角形に組んでピン結合する一般のトラスと異なり、斜材がなく部材には曲げ応力が発生するが、せん断力は働かない。仕口は剛である必要がある。

3 溶融亜鉛めっきの俗称。鋼材の防錆処理の一種であり、一般的にさび止め塗料よりも防食効果に優れる。ドブ漬けの俗称は、溶解した亜鉛が入っためっき槽に鋼材をドブンと漬ける様子から。

4 材厚1.6mmから6.0mmの軽量形鋼のこと。朝鮮戦争休戦後、鉄鋼業の振興のため、建設分野での鋼材利用の促進が模索されたが、LGSの活用も課題とされた。現在では下地や小規模建物の主体構造として一般的に用いられる。

5 →第1講・註21

図3

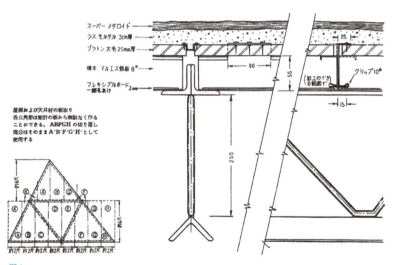

図4

図3　フィーレンディールの手摺側桁の積載実験
図4　《東京中央学園講堂》の屋根詳細と割付

図5　雨で骨材が露出した《霞ヶ関電話局》の階段

PSPC版の耐久力

《霞ヶ関電話局》(1957) の階段は、雨ざらしの踏面が木では腐ってしまうと思って、プレテンションをかけたプレストレスト・コンクリート[6]でつくりました。その23年後に調査が入ったとき、この階段は人造石研ぎ出し[7]であるという報告書が出されました。僕は人造石研ぎ出しをやった覚えはないので確認してみたところ、雨ざらしだったためにコンクリートの表面が削れて、骨材の砂利が見えてしまっていて勘違いしたという顛末でした図5。いずれにしても、これでは耐久力が心配だということで、新しいものに取り替えることになりました。ところが、解体した段板にフェノールフタレイン[8]をかけてみたところ、中性化が進んでいないというんですよ。鉄筋も、もちろん錆びていない。だったら取り替えなくてもよかったという話しです。これ以来、プレストレスがかかっているコンクリートは、砂利が出てくるほど腐食していても中までは酸化が進まず、アルカリ性を保って中性化はしないのだと考えるようになりました。

　僕がプレテンションのプレストレスを最初に使ったのは、《東京中央学園講堂》の庇においてです。これは屋根に防水もされていますから、今でも

6 → 第5講・註21
7 砕石とセメントをこね合わせたものを塗り付け、硬化した後に砥石で研いで平滑にし、つやを出して仕上げる方法。1960年代頃には盛んに用いられた。
8 有機化合物の一種であり、水で希釈したものはアルカリ性を検出して赤紫に変化するため、コンクリートの中性化深さの測定にも用いられる。

図6　後から取り付けた《霞ヶ関電話局》の庇

ピンピンしているだろうと思います。

　日本初のポストテンションコンクリートの橋である《十郷橋》[9]は1953年にできています。《東京中央学園講堂》ができたのは1956年ですから、プレストレストの屋根としては日本で最初期のもので、国際的に見ても早いものです。さすがに日本最古というわけにはいかず、これよりさらに古いプレストレスの屋根が浜松町駅に架かっています。今にも壊されそうですが、プラットフォームの北の端に残っています。国鉄はプレストレスの枕木を1953年ごろにつくっていますが、この駅舎の屋根は1955年ごろにできたものだと思います。

　《霞ヶ関電話局》の庇はプレテンションではなくてポストテンションです。竣工当初は庇をつけていませんでしたが、あとからトラックを入れたいということになり、庇をつけることになった。しかし庇を後付けするなんて容易じゃないんですね。壁にはウォール・ガーダー[10]を使っているので、それに梁を取り付けるとウォール・ガーダーに曲げがかかるといって構造屋さんが許してくれない。天井の下に新しく梁をつくって奥まで差し込もうにも、天井高が足りない。ですから、どうしても梁せいを小さくしなければならず、ポストテンションの庇をつくったというわけです図6。

9　1953年に福井県坂井市に完成した国内初のプレストレスト・コンクリート橋。フランスの技師セルジュ・コバニコによる設計。プレストレストの導入により資材量の大幅な削減に成功した。
10　壁状の成の高い梁のこと。1層分の壁を梁として利用する場合もある。

図7 《東京中央学園講堂》の手摺(左)と、同じ型でつくった
日本住宅公団本社のドアの押手(右、[撮影：深尾精一])

手摺とかたち

次は手摺で、《東京中央学園講堂》のために押し出しでつくったものです。このころ、風変わりな設計者が逓信省にいまして、手摺りは手で掴みやすいことはもちろんのこと、体を寄せた時にうまく当たるようなかたちでないといけないと主張していました。その彼の主張が反映されたのがこの手摺で、掴みやすく、体もうまく当たる断面をしています。これはアルミの押し出しでつくったので、その短いのをドアの取っ手に利用していたのですが、その型が日本住宅公団にも普及して、九段の本社ビルの玄関ドアにも使われました図7。

《佐賀県立九州陶磁文化館》(1980)では色の黒いステンレスを手摺りに使いました。ステンレスの色を黒くするには、火で温めて叩けばいいんですね。すると中からクロムが出てきて黒くなる図8。鉄の場合は赤くなるまで熱してから、蚕の真綿でこすると出刃包丁のように黒くなります。ただ、このやり方でステンレスを黒くするとなかなかまっすぐにできず、それがまたおもしろくて、スロープの手摺はなんとなく手づくりの感じが出ています。

スロープを上った先の展示ホールの落下防止用の手摺も叩いてあります。ただ、全部を真っ黒にしてしまうとステンレスかどうかわからなくなってしまうので、真ん中を掘ってステンレスの生地がヘアライン仕上げ[11]で出るようにしています。また、ステンレスは磨くとピカピカになるので、磨いた

---

11 ステンレスをはじめ傷がつきやすい金属に用いられることの多い表面仕上げ。
荒い研磨材を用いて連続した平行の研磨線が出るように仕上げる。傷を目立ちにくくする効果がある。

図8 《佐賀県立九州陶磁文化館》のステンレスの手摺
[左 出典:『ディテール』1981年1月号、彰国社／右 撮影：相原功]

ところも出そうということで、一部だけ磨いてあります。塗装しないでひとつの手摺に三色のステンレスを使っているというわけです。

透明下見

これは《武蔵大学5号館》（1992）の外壁でガラスを下見板風に留めつけたものです。共同設計者の近角真一[12]さんは得意になっていましたが、当時の僕はあまり賛成していませんでした図9。ただ、今考えればなかなかよいかもしれない。当時、ガラスをピンで留める技術が開発されたので、この留め方ができるようになりましたが、これならパテを使わないですむ。すると、配管や配線の修理を外側からできる。外からメンテナンスが可能になると、部屋を使いながら修理できますから、なかなか具合がいいと思っています。

オープン縦樋

《佐賀県立九州陶磁文化館》の縦樋です図10。正式な名称は「オープン縦樋」です。なぜ正式名称があるかというと、特許をとったからです。縦に長い樋は詰まったらたいへん困る。そこで考えたのがオープン縦樋です。水が樋の

12 → 第5講・註24

図9

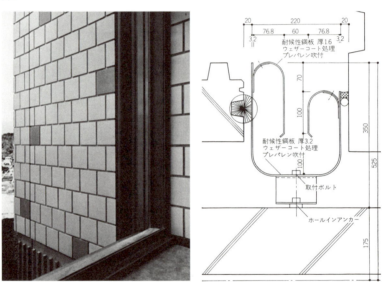

図10

図9　ガラスでつくった透明下見 [出典：『GLASS & ARCHITECTURE』1994年夏号、旭硝子]
図10　《佐賀県立九州陶磁文化館》のオープン縦樋
[左 撮影：彰国社写真部、右 出典：『ディテール』1981年1月号、彰国社]

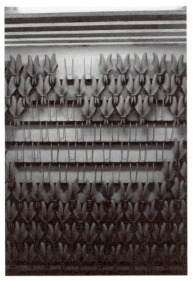
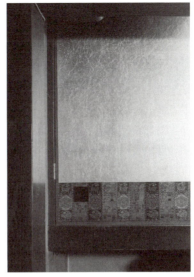

図11 《佐賀県立青年の家》のスリッパ掛け　図12 織物の端切れを貼った《自宅》の襖
　　　　　　　　　　　　　　　　　　　　　　［撮影：相原功］

中を流れるときは、上から下へ真っすぐに落ちるのではなくて、まわりの壁にぶつかってぐるぐる回りながら落ちるんですね。そこで、水がちゃんと回って、かつ外側から手が入る断面形状を考えました。もう一度つくるのであれば、Cチャンネルをちょっと折り曲げて使うなど、もっと簡単なやり方があると思います。実際に村野藤吾[13] さんはチャンネルを使って樋をつくりましたが、そのときは村野さんから「オープン縦樋を使わせてもらいます」という手紙をいただきました。村野さんの場合は縦樋をわずかに傾けて、水が飛び出ないようにしています。

利用者がつくる壁模様

次はスリッパです（笑）。たいていスリッパは大きな箱に投げ込まれていて格好が悪いので、使う人に仕舞わせるのがいい。そのときに、スリッパの裏側が見えないようにしたい。そこで《佐賀県立青年の家》（1967）ではこういうスリッパ掛けをつくったのですが、創立以来ずっとこのまま使われています図11。取りやすい位置にあるスリッパだけが使われるので、全体がひとつの模様のようになって、なかなかよいんじゃないかと思っています。アイデアを考えたのは僕ですが、詳細を描いたのは高橋靗一[14] さんです。

13　→ 第1講・註10
14　→ 第5講・註18

布地張り襖

次は襖の話です。今では襖はあまり使われないかもしれませんが、僕の《自宅》では布張りの引き戸を愛用しています[図12]。天袋を張り替えたときに使った布地は龍村[15]の織物の端切れで、紅牙撥鏤尺[16]の模様を織ったものです。もともとは紅色一色ですが、織物は多色織りの華やかなものになっていました。堀口捨己[17]先生は襖に座布団の使い古しを使っておられました。使い古されたジーパンに価値を見出すのと同じですね。

　この布地を買ったのはまだ原広司[18]さんが大学院生だったころのことです。新橋にあった日軽金の本社ビルが建ったので、その竣工祝いを見に行こうと大学院生を連れて行きました。その時、原さんが実にばっちい格好をしてきたんですね。入口に入ったとたん「こちらからどうぞ」と言われて地下室に案内されて、お土産を渡されて追い出されてしまったんですよ。しゃくに障るけれどまた入るわけにはいかないから、どこか別のところに行こうということで、龍村を案内したんです。そうしたら龍村で端切れを安く売っていて、そこで買ってきた織物がちょうど襖の長さに合った。そういう思い出がある品です。

　最近は家内の着物を貼っています。着物を貼るのは案外簡単ではなくて、まず布地全体の長さを測って模型をつくります。それから布地の割り付けを検討する。着物はほどくと幅の広いところや短いところがありますから、それをうまく貼り合わせて襖に合うようにする。襖用の布と着物の布地はふた桁くらい値段が違うものですから、一目見て豪華に見えます。

　襖屋さんに布地をあげるから安くやってくださいとお願いしたら、最初はさんざん怒られました。布を貼るのは紙を貼るよりずっと難しい。まず布を延ばして紙で裏打ちする。すると少し縮むのですが、その縮んだものを貼り付けるので、ふちの線をきれいに出すのは難しいですね。切りっぱなしにするのも難しい。

　明るい色の布を貼るときは、足下に暗い色の当て布をして、床に雑巾がけをしても全体の色が変わらないように工夫しています。《原澤邸》(1974)では先代の奥さんの着物を使って襖を貼りました[図13]。やっぱり擦れるところは剥げやすいので、取っ手の部分を違う布にしています。違う布にしておけば取り替えられる。この工夫も堀口先生に教わりました。

15　龍村美術織物。法隆寺、正倉院に伝わる古代裂などの伝統的な織物を研究した龍村平藏（初代）により1894年に創業された織物の製造・販売会社。
16　正倉院の宝物で、天平時代に用いられた一尺の物差し。
17　→第1講・註2
18　→第2講・註12

図13 着物を貼った《原澤邸》の襖［撮影：鈴木悠］

白磁張り外装

次はタイルです。タイルの模様は《有田町歴史民俗資料館》(1978)を設計したときに勉強させてもらいました。有田の売り物は白磁ですから、外壁は白磁のタイルで仕上げて、入口近くの白磁にはブルーの文字を書くと茶碗のようなはっきりとした模様が出るだろうと思ったら、とんでもない。どうにもボケた色になってしまいました。それで根掘り葉掘り聞いてみると、要するにタイルの生地が白くなかったんですね。茶碗の生地が白いのは、有田の山の石の中から白くない部分を除いているからだそうですが、それがたいへんな手間で、白い生地と黄色っぽい生地では値段が100倍くらい違う。彼らに言わせると、茶碗の生地でタイルをつくるなんて、壁に1万円札を並べているようなものだそうです。そういうわけで、タイルは生地が白くないですから、白く見せるために釉薬をかける。その釉薬の白が文字に被さるので、文字が眠たくなるわけです。

この勉強のおかげで、次の《佐賀県立九州陶磁文化館》(1980)の設計では、文字が載るタイルだけ本物の白磁を使うことにしました図14。これなら1万円札が4枚くらい貼ってあるのと同じです(笑)。そばで見ると白が違うことがひと目でわかりますが、これを全面に貼るとたいへんなことになるので、まわりに少しずつ安いものを貼ってごまかしながら、馴染ませていっています。今では白磁で外壁をやるなんてことはなくなりましたから、貴重な事例です。

モザイク床

モザイクの床は長い間やってみたかったことのひとつでした。なかなか単価の高い建物を設計する機会がなくてできなかったのですが、《佐賀県立九州陶磁文化館》ではそれができました。前川國男[19]さんが《東京文化会館》でやったような洋風の模様ではなくて、和風の模様をやってみたいと思いました。そのために、まずは目地割りをきちんとやる。モデュラー・コオーディネーションを徹底し、明確なやり方で柱や壁を避ける。僕の好きな《ストックホルム市庁舎》[20]のモザイク床を見ると、全体的に見ると模様は一様なんだけど、よく見るとひとまとまりごとに違っている。それを参考にして、ところどころ足したり抜いたりすることで違いを出そうとしています図15。職人さんが間違えてくれたらしめたものでした。

床の模様をつくるときには、全体が模様になっていることが目につかないといけません。全部を小さな模様にしてしまうと、全体が模様になっている

---

19 → 第1講・註9
20 スウェーデンの建築家ラグナル・エストベリ(1866–1945)の設計により1923年に完成。内田祥哉は、同時期に建設された鉄筋コンクリート打ち放しの建物とは異なり、美しさを保ち続けていることを強調し紹介している。

図14

図15

図16

図14 《有田町歴史民俗資料館》と《佐賀県立九州陶磁文化館》のタイル文字
図15 《佐賀県立九州陶磁文化館》のモザイク床［撮影：相原功］
図16 《有田町歴史民俗資料館》「あり合わせタイル暇なとき貼り」

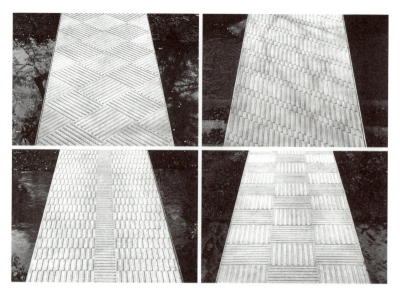

図17　壁紙で模様をつけた《武蔵学園濯川再生計画》の
プレキャスト・コンクリート橋［撮影：彰国社写真部］

ことがわからない。だからまずは大きな模様をつくって、その中に小さな模様を嵌め込むと、部分が少しずつ違いながらも全体として大きな模様ができます。床の模様をはっきりさせたいときのひとつの方法だと思います。

　《有田町歴史民俗資料館》では、有田の工場の隅に捨ててあった材料を適当に並べて貼ってくださいとお願いしました。それは手間暇がかかると言われたものですから、じゃ現場が暇なときに貼ってくださいとお願いしました。名づけて「あり合わせタイル暇なとき貼り」と呼んでいます図16。しかしこれは本当に手間暇がかかるということがタイル屋さんにもだんだんとわかってきて、「先生、あれはもうやめてください」と言われました。

PSPC模様打ち

《武蔵学園濯川再生計画》(1988)です。武蔵大学の濯川に橋が4つ架かっていて、それぞれに名前がついています図17。それを設計しようというときに、4つを違った設計にするのはたいへんなので、違った模様をつけようということになりました。できるだけ凹凸の大きい壁紙を買ってきて、それを切り込んでプレキャスト・コンクリートの型枠に仕込んで模様をつけています。《霞ヶ関電話局》の経験がありますから、プレストレスをかけておいて、それを雨ざらしにしておくとだんだん砂利が出てきて洗い出しのようになるだろうということで、それを見越した模様をつけました。しかしなかなか洗い出しのようにはならないので、まだ時間がかかりそうです。

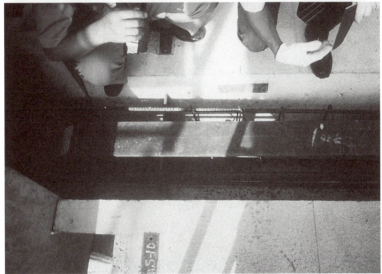

図18 《GUP2》模型(上)と《GUP3 NTT筑波》(下)

図19 ラーメンではない鉄骨軸組《GUP6》(上) と武蔵大学の掲示板 (下) [写真下 撮影:相原功]

GUP

東京大学では設計をやらせてもらえず、その鬱憤を晴らすために学生たちとつくった開発研究のプロジェクトが《GUP》です。毎回テーマを変えて、1978年の《GUP10》まで続きました。1967年の《GUP3》は、大型PCaパネルの継ぎ目に型枠を使わないセルフフォーミングのプレキャスト・コンクリートのシステムをつくることがひとつの狙いでした。《GUP3 NTT筑波》(1976) は、これを実際につくってみたものです 図18。

《GUP6》(1970) は鉄骨の柱梁を立てて、そこに部品を入れて建築をつくるという考え方のもので、ラーメンではない鉄骨軸組の構造システムです。住宅総合研究財団[21]から予算をもらえたので、清水建設の研究所に仮設物をつくる実験をさせてもらいました。鉄骨ですが、木造の継手のように上から放り込めば構造的に固まるので、溶接もボルトも使いません。中空の柱梁の接合部にセメントをグラウトすれば、ラーメン構造の剛性を持たせることもできます。

武蔵大学では掲示板の鉄骨軸組に利用しています 図19。強度計算すると少したわみが多かったんですが、掲示板を面材としてつければ問題ありませんでした。このくらいの規模の構築物であれば、鉄骨でも木造に近い考え方の構造でできるんじゃないかと思っています。

鉄板型枠の低層住宅

《GUP9》(1974) は鉄板型枠の低層住宅です 図20。鉄板をトラックで運んできて建て起こすと型枠になる。傾斜地に建てる想定で、上から順番にクレーンで組み立て、最後にコンクリートを流せば全部一気にできてしまう。鉄筋が入っているとコンクリートを流すとき邪魔ですが、鉄板にコンクリートを流し込めばいきなり鉄板コンクリートができる。強度を計算したところ、0.6 mm厚の鉄板を使えば鉄筋コンクリートに匹敵する強度が出る。そこで東大の青山博之[22] さんの研究室が持っていた機械で実験をしてもらいました。青山研究室はその機械で原子炉の壁の10分の1の模型を実験していたのですが、それがちょうどわれわれの実物模型と同じ大きさでした。鉄板コンクリート壁を引っ張ったり押したりすると、鉄板にシワがよって粘りを発揮することがわかり構造的にもよいと青山さんに褒めてもらい、これは実用化できるんじゃないかという話もありました。

21　現・住総研。戦後の窮迫した住宅問題を解決することを目的として、1948年に当時の清水建設社長の清水康雄により設立された財団。住まいに関する研究への助成を行っている。
22　1932-。建築学者。1955年東京大学卒業後、同大学院進学。武藤清、梅村魁に師事。1960年に博士号取得後、東京大学講師に着任し、助教授、教授を歴任。1993年に退官後、日本大学教授。鉄筋コンクリート造の耐震構造を研究。

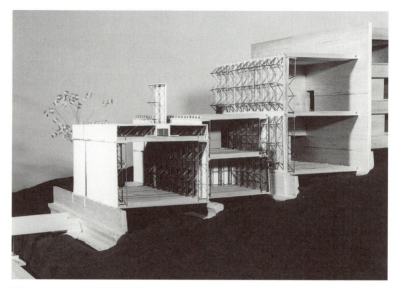

図20 鉄板型枠の低層住宅《GUP9》

しかし、鉄板を使って壁の型枠はつくれるんだけど、柱梁はつくれない。そこで東京都立大学の深尾精一[23]さんが主導して、柱梁をつくるにはどうしたらいいか研究してくれました 図21。しかしこういう考え方で柱梁をつくるのは難しいですね。柱梁の型枠は鉄のアングルでつくりましたが、中に鉄筋を入れるのが非常に難しくてたいへん苦労しました。今から考えると柱は中にフープ筋と手筋があればよく、必ずしも壁と結合する必要はなかったと思っています。

木造格子梁

GUPが終わった後、木造格子梁のプロジェクトをいくつか実験的につくりました 図22。格子梁で水平剛性をとったうえで、筋交いやパネルを入れてやれば、パネルの位置を上下で通さなくても構造的に成立するだろうと考えました。坂本功[24]さんには実用化可能だと言ってもらえたんですが、梁のたわみ（ぐずみという感じ）が少し気になったのと、つくる手間が非常にかかることがあり、実用化には至りませんでした。課題として庇の先の納め方と、増築がしたくなったときにできるかどうかがまだわかっていなかったんですね。今から考えると、床梁の格子を45度傾ければ隅の庇の出は可能だと思っています。

23　→ 第3講・註13
24　→ 第3講・註22

図21 鋼製型枠の鉄筋コンクリート柱梁システム《GUP10》[提供：深尾精一]

超軽量立体トラス

明治大学では1985年から95年にかけて、最小の自重で最大の荷重を支えられる立体トラスを考えました。簡単な道具を使って学生にも組み立てられます。まずは小さいユニットで試して、だんだん大きくしていき、力学的な安全限界を体験してもらいました図23。何かを軽くつくろうというときは、とにかく試作をしないといけない。試作をするときには、初めから強いものをつくってはいけない。壊れたところを最小限に補強していくことを繰り返すと、軽くて丈夫なものができます。これは飛行機のつくり方と同じです。最初は人が載って荷重実験をしていましたが、そのうちに人では重さが足りなくなって水を載せるようになりました。最終的には、トラス自重が200kgで、平米あたりの加重が450kgというものをつくることができました。

重ねられ、つなげて並べられる机

重ねられる椅子があって重ねられる机がないのはなぜか、という素朴な疑問から、1987年に始まったプロジェクトです図24。4つのコーナーが一点にくるよう並べたときに、その交差点が卍になるようにしておけば、天板から足が出ていても構わないとわかり、問題を解決できました。図面は全部公開されていますから、ぜひつくってください。しかしグラつかないようにつくるのは容易じゃないですよ。足元のかたちはいろいろあって、試作を重ねて150台もできました。最初期の試作は明治大学の会議室で使われています。

図22

図23

図24

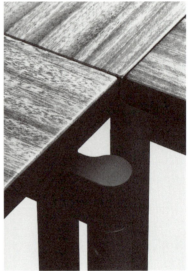

図22　木造格子梁構造の試作実験
図23　超軽量立体トラスの試作［撮影：平井ゆか］
図24　重ねられ、つなげて並べられる机［左：和木通撮影／右：畑亮撮影］

討議

内田流の融通無碍さ

橋本 内田先生のディテールは、課題の立て方がシンプルですね。雨が入らないようにしたいとか、スリッパをきれいに並べたいとか、机をスタックできるようにしたいとか、出発点がわかりやすく共感するところが多かったです。ラーメンではない鉄骨軸組という考え方はたいへん興味深いのですが、もう少しくわしく教えてください。

内田 簡単に言えば接点が剛でない鉄骨フレームということです。僕は真壁造り風の壁が入っていれば、フレームの接点が剛である必要はないと思っています。真壁造りの和風建築は木造のフレームを剛にせず、全体は壁でもたせているので、そういう考え方の鉄骨造があってもいいじゃないかということですね。

今ある鉄骨造はラーメンで全部をもたせようとしているところに少し無理がある。高層ビルでは難しいかもしれないけれど、2階建てくらいまでの建物ならば壁でもたせる剛ではないフレームで大丈夫だろうと思っています。

和風の建物はそういう考え方でできていたのですが、明治以降はフレームをトラスにしようとして筋交いを入れるようになった。すると具合が悪いことがいろいろと出てくる。筋交いが嫌だとなると、金物をがっちり入れてラーメン的にやる。しかしこのやり方では、地震が起きて接合部が壊れると、柱も梁も一緒にダメになってしまう。

本来の和風建築は、グラグラしているものを壁で支えているから、地震で倒れても起こすと元どおりになるというものです。このやり方だと、何よりも改造しやすい。接合部が簡単なので、壁や柱も移動できるというわけです。

それから、今までの木造が優れているのは、壁量[25]というよくわからない考え方で構造を担保しているところ。あれはなかなかうまい方法で、力の伝達の仕組みはよくわからなくても、それなりに壁が入っていれば経験的に「もつ」という考え方ですね。このおかげで壁は取り替えができるし、引越しもできる。何でも力の流れを考えて厳密に設計するようになると、逆に将来変更しようとしたときにうまくいかないんじゃないかと思っています。

羽鳥 力学の考え方だけではなく、タイルワークの考え方でもオープンジョイントの考え方でも、内田先生は無理がない世界をめざしている。そこにはいろいろなことを許す遊びもあって、職人さんがタイルを貼り間違えるのをおもしろがれる。その考え方はどこか自由で、チャーミングだと思います。できあがったものにも、どこか脱力するようなところがあって魅力的です。

門脇 構造システムについて考え出すと、たいがいは構造システムで論理が完結するように考えてしまいがちです。しかし内田先生は、その論理や役割をどこ

---

[25] 筋交いや構造用合板などにより耐力壁として機能する軸組の長さに、耐力壁の強さを表す壁倍率を乗じたもの。小規模木造などの4号建築物については、構造計算に代わる簡便な方法として壁量計算が認められている。

かに別のところに投げ出して、開放してしまうようなところがある。

内田　僕の若いころは法律もわりといい加減だったし、自由自在だったんですよ。今はがんじがらめになってきちゃったからね。

藤原　内田先生の建築には、建築が本来持っているべき大らかさがありますよね。

羽鳥　タイルワークを間違えてもなんてことはないじゃないですか。一方で、最近の建築の竣工検査でそんなことが判明すると、補償工事になりかねないがんじがらめの世界がある。そういう閉塞感を打開するヒントが内田先生の思考の中にあるような気がします。

門脇　一方で、高橋靗一先生と協働の佐賀の仕事を実際に拝見すると、高橋先生の方がより自由で、どちらかというと内田先生はいろいろなことを綿密に考えていらっしゃるのかもと想像します。

内田　高橋靗一さんの第一工房には、デザイン第一のところがありますからね。だけど僕はそれ以前から、いろいろな人とコンペを一緒にやった経験があったんですよ。コンペのたびにやる人が違うのはエネルギーが必要なんですが、とにかくずいぶん苦労して個性的な人たちと一緒にやった経験から、共同設計なんてなんでもないと若いころは思っていました。高橋さんとの設計の場合は、何でも議論して決めていましたね。

　僕の考え方にどこか開放性があるのだとしたら、《自宅》でなかなか思ったようなことができなかったことが大きいのかもしれません。それ以前は割合カチっとした考え方をしていましたが、工事をしていただいた佐藤秀三[26]さんにいろいろ教わることができたのは大きかったです。佐藤さんにはお金のことも言われましたが、あのころ、もしお金があったらプラスターボードを使ったりしていたかもしれない。しかし幸いにしてお金がなかったから、あのような和風の家になったのだと思います。自宅を建てたころは、和小屋がいいから和小屋にしようなんて全然考えていませんでした。トラスの方が進んでいると思っていましたからね。

藤原　《佐賀県立博物館》の設計で、木村俊彦さんは「柱がどこにでも置ける」という考え方に同意しなかったというお話しを前回いただきました。佐々木睦朗さんはおそらく木村さんと近い考えで、柱が自由に動かせるという考え方には否定的なはずと推測します。しかし佐々木さんの教え子の小西泰孝さんは、柱を自由に動かすことに肯定的で、むしろ構造はそのくらい自由じゃないといけないのではないかと言っていました。つまり構造家の中にも、いろいろあって建築の力学的な原理を厳格に表現したい人と、人間の生活の自由さを受け入れるような柔らかさを許容したい人の差がある。

　内田先生は後者の考え方ですが、それが生まれ持ったものではなく、若いころの経験からくるものというお話しは少し驚きでした。我々もこれから自分を変えるくらいの経験を積んでいきたいと奮い立ちました。

26　1897–1978。建築家。1914年米沢工業高校卒業後、住友総本店営繕課。後に日建設計を創業する長谷部鋭吉の薫陶を受ける。1929年に設計施工一貫の建設会社（現・佐藤秀）を創業。和風建築に洋風の要素を取り入れた作風を確立。

建築構法学の発展を支えた内田祥哉の問い　　　門脇耕三

建築一般構造から建築構法へ

内田祥哉が自らの学問的追究の対象とした建築構法は、しかし1950年ごろから用いられるようになった新しい言葉である。「構法」は、1960年代までは「（建築）構造」や「（建築）構造法」などの言葉で表されることもあったが、構法の意味や用法は徐々に浸透していき、アカデミズムにおいても、1975年に日本建築学会の建築計画委員会のもとに構法計画小委員会が設置されたことをもって、用語として確立する。こうした動きを主導した研究グループの中心にいたのが内田であり、したがって内田は、建築構法学の創始者とされる。

このように言葉として新しい「構法」は、建物の物理的な実体の構成方法のことを意味している。建物全体の組み立て方といってもよい。より正確には建築構法とすべきだが、「構法」は建築分野でしか使われない言葉であるから、構法＝建築構法と考えてかまわない。いずれにせよ構法は、建物を建て築く技術体系としての建築の基盤をなす概念であり、その意味するところ自体は決して新しいものではない。にもかかわらず、構法という新しい言葉が必要とされたのは、日本の建築学の発展の経緯を背景に持つ。

一般的に、ひとつのものを構成している各部分の組み合わせ方や、ひとつの全体を成り立たせている諸要素の関係は、「構造」という言葉によって表される。だから建築構法は、本来であれば建築構造と呼ばれるべきものであり、前述のように建築構造が構法の意味で用いられた時代もあった。しかし日本では、地震による被害があいつぎ、建物の力学的強度を十分に確保することが建築学の最重要課題であり続けたから、建築構造は建物の構造体やその力学の意味で用いられるようになり、この用法は現代まで続いている。この意味での「建築構造」と区別するため、建物の非構造部分も含めた物理的な構成方法を「建築一般構造」と呼ぶ時代もあったが、これに構法という言葉を与えるとともに、新たな学問分野へと昇華させたのが内田だった。

ビルディングエレメント論による建築構法の科学化

構法が学問分野として独立するに至ったのは、第2次大戦前後の建築生産の状況も大いに関係している。

1931年の満州事変以後の軍事費の増大に支えられて急激に発展した日本の重化学工業は、太平洋戦争によりいったん壊滅したが、1950年に勃発した朝鮮戦争の特需を契機としてふたたび発展する。戦争特需はやがてすぎ去るが、その後の余剰生産力は建設業にも向かい、重軽量形鋼、ALC版やセメント版、ビニル建材や合成樹脂塗料などの新しい建材が1950年代半ばから市場に流通するようになった。これによって、それ以前の建物をかたちづくっていた天然採取材料は、金属系・セメント系・合成高分子系などの重化学工業を母体とする加工材料に代替されていったわけであるが、こうした状況にあって建築学は、建築そのものの定義に迫る根源的な問いを発さざるをえなくなる。すなわち、新しい材料を用い、伝統的な構法とは異なる方法でつくられた建物やその技術体系を、しかしこれまでどおり「建築」と呼べるのかという疑問に突き当たるのである。

1956年に助教授として東京大学に着任した内田が取り組んだ研究は、まさにこの問題

に関わるものであった。1959年に内田らが日本建築学会に発表したことでアカデミズムに登場し[1]、1960年代から1970年代はじめにかけて多数の成果が発表され、建築実務のさまざまな分野にも影響を及ぼした「ビルディングエレメント論」は、その代表として位置づけられる。

ビルディングエレメント論は、建物を床・壁・天井といったビルディングエレメントに分解し、ビルディングエレメントごとに要求される性能を明確にすることによって、建物全体の性質を明らかにしようとする理論である。ここでビルディングエレメントは、「空間を仕切る道具」として定義されており、「建物の各部は、空間の仕切りとして価値づけられている」と考えられた[2]。この定義にしたがえば、床・壁・天井どころか、敷地境界線などの物理的実体をもたない抽象的な境界や、立ち入り禁止のラインなど社会慣習的に定義される境界も、同様に「空間を仕切る道具」と見なすことができるのであり、そこには慣習から離れて建築を科学的に定義しようとする姿勢を認めることができる。

さらに内田らは、ビルディングエレメントの目的を「二つの空間に、何等かの不均衡をもたらす事」であるとし、したがってビルディングエレメントの機能は「二つの空間の自由な交換を防げ、又特定のみを許すこと」であると導く[3]。つまりビルディングエレメントは、仕切られたふたつの空間を行き来する音・光・熱・力などといった因子を選択的に通過させ、あるいは遮断する機能を持つのであるが、この発想によって、ビルディングエレメントの性能を定義し、それに基づいて各部の構法を選択することも理論的には可能となった。

なお、さまざまな因子を選択的に通過させる機能を持つビルディングエレメントは、本来的に開口部の概念ときわめて親和性が高いことは付記しておくべきだろう。東京大学で内田に師事し、建築生産の工業化を理論面から牽引した剣持昤の博士論文が「開口部論」であったことや、内田のもとでビルディングエレメント論を研究した原広司が、その後「有孔体理論」を唱えたことは、決して偶然ではない。

---

[1] 内田祥哉、宇野英隆、井口洋佑「Building Elementの定義に就て」(『日本建築学会研究報告』No.48、pp.81–84、1959年6月)参照。
[2] 同前
[3] 内田祥哉、宇野英隆、井口洋佑「Building Elementの性能の種類に就て」(『日本建築学会研究報告』、No.48、pp.85–88、1959年6月)参照。

オープンシステムから
システムズ・ビルディングへ

1960年代には、建設産業への重化学工業の参入とは異なるかたちでの建築生産の工業化も、重要な課題として認識されるようになる。すなわち、建築材料や部材の標準化および工場生産化を推し進めることを通じて、元来は受注一品生産的であった建築技術の体系に量産的な性格を付与することが、さまざまな主体の行動目標となったのである。この意味での建築生産の工業化は、戦後の旺盛な建設需要に応えるため、あらゆる建物への導入が試みられた。いうまでもなく、戦後の圧倒的な住宅不足や、都市化に伴う郊外の拡大を背景として、住宅生産への適用も喫緊の課題であった。

建築生産の工業化は、産官学を問わずさ

まざまなアプローチにより追求されたが、その一翼を担ったのが、すでにビルディングエレメント論の研究で成果を上げていた内田らのグループであった。このころには、複数の材料が複合された「建築部品」が市場に流通するようになっていたが、内田らのグループは、建築部品を用いた建築生産方式を「オープンシステム」の理念として整備した。

オープンシステムとは、市場に一般流通する標準化・規格化されたオープン部品を自由に選択し、モデュールにもとづいて統合することを骨子とする建築の計画と生産の方式である。そして内田らによる議論は、やがて建築の物的側面に焦点があたりがちな「部品化」という枠組みから脱却し、1970年代には「システムズ・ビルディング」へと展開していく。

システムズ・ビルディングとは、建物の部分を、その生産の仕組みまでを含めたシステムとして捉え、部位ごとに分割されたシステムであるサブシステムが統合された結果としての建築全体を、トータル・システムとして設計しようとする考え方である。システムズ・ビルディングは、もともとはNASAによるアポロ計画にも適用された「システムズ・アプローチ」に刺激され、1960年代のアメリカで誕生したビルディング・システムの開発手法であったが、NASAによるシステムズ・アプローチが月面への有人宇宙飛行計画のような複雑なシステムの開発プロセスを効率化することを目的としていたのに対し、システムズ・ビルディングは、むしろ建物の部分の自律的な生産を実現することこそを企図していた。内田が描いためざすべき建築のイメージは、寸法的な整合がとれた部品が自在に組み合わされてつくられる建築から、適切なモデュールのもと、自律的な生産組織がそれぞれに仕事をしてつくられる建築へと柔らかく展開したのであり、この考え方は、後に《武蔵大学科学情報センター》(1988)や《実験集合住宅NEXT21》(1994)などの実作としても結実する。

「新しい時代の民家」の夢

以上のように展開した内田の建築の理想像が、日本の伝統的な木造住宅の構法および生産システムと高い親和性を持つことを指摘することはたやすい。木割をよりどころとしながら、さまざまな職種の職人がそれぞれに工夫を凝らした結果として建物ができ上がり、そのあり方が、畳モデュールを媒介して住まい手とも高度に共有される。さらに、建物がそのときどきの都合にあわせて自在にカスタマイズできるフレキシビリティを持ち、それを支える生産組織が地場に根づいている。この近世に成立した日本独自のシステムを、近代的な材料や構法を用いて現代によみがえらせることこそ、内田が生涯をかけてめざしたものであり、内田自身が言うとおり[4]、これは「新しい時代の民家」を実現させる夢であった。

内田の理想は、一見すると建築家のようなヒロイックな存在とは相反するようにも思える。しかしこの理想こそが、戦後第一世代に位置付けられる内田の建築家としての側面を如実に反映していると理解することもできる。日本における「建築」は、19世紀後半の欧米からのArchitectureの移入として始まるが、これを日本の伝統と融和させることが、日本の建築家にとっての長年の課題であった。20世紀となり、近代建築運動が世界的に活発化すると、この課題はインターナショナルで近代的な建築と日本の伝統との融和というかた

ちに変奏されるが、これをはじめて高度に達成したのは、戦中世代の建築家である丹下健三であると目されている。丹下のプロジェクトとしてのデビュー作である「大東亜建設記念造営計画」(1942)にすでに見られるように、丹下が戦中から磨いていた近代と伝統を融和させるデザインは、戦後になって《香川県庁舎》(1958)などの実作として結実する。丹下はこれらの作品により、日本建築史に金字塔を打ち立てたわけであるが、しかし近代と伝統の融和という課題は、丹下によって完全に解決されたわけではなかった。公共建築などのハレの場の建築ではないもの、つまり庶民の日常のため建築、すなわち住まいの問題が取り残されていたのである。

1920年代生まれの戦後第一世代の建築家には、内田のほかには増沢洵、みねぎし・やすおなどがいるが、いずれも庶民住宅と近代建築の融和という課題に精力的に取り組んでいる。住宅不足が社会的な課題であった時代にデビューした建築家たちであるとはいえ、彼らが庶民の日常をこそ問題にした世代であることは事実であるし、それを日本建築史の潮流に位置づけたい誘惑に駆られることも、また否めない。

近代的な建築の枠組みでいかに住まいを扱うかという問題に挑むにあたって、戦後第一世代の建築家たちが採用した戦略は、個別にはさまざまなアプローチがあったものの、あえて乱暴にまとめるならば、建築設計の科学化と建築生産の工業化であった。前者については、戦後に建築計画、計画原論(現在の環境工学)、そして構法計画などの数々の「計画」学が勃興したことが如実に物語っているし、後者についてはすでに見たとおりである。こうした戦略は、住まいの問題から量産という課題が薄れていく1970年代に見直しが迫られるようになるのであるが、その根幹に位置付けられるのは、万人に開放された方法で日常の問題を扱うという姿勢であり、そのことの迫真性は、むしろ現在においてこそ高まっているといえるだろう。

なお、内田が憧憬した近世の木造住宅の生産システムは、実際には幕府の封建的な体制のもと進められた標準化により成立したものであるし、その直接的な後嗣である現在の在来木造建築は、戦後ビューロクラシー下ででき上がった住宅融資制度と連動した仕様の標準化により成立したものである。しかし内田は、トップダウンによるリジッドなシステムを決してよしとはせず、内田が唱えたオープンシステムにしても、デファクトスタンダードとして実現されるべきであることを主張し続けた。

庶民の日常のための建築を、方法的に、足もとからのうねりとして建ち上げることができるか。これこそが内田の発し続けている問いにほかならない。

4　内田祥哉『建築生産のオープンシステム』(彰国社、1977年) pp.338-339参照。

内田祥哉 窓と建築ゼミナール
(2016年9月17日)

7

総括討議

再読・内田祥哉

セッション1：内田祥哉を実践的に読む
連勇太朗　橋本健史　藤田雄介　浜田晶則　増田信吾

セッション2：建築史における内田祥哉
松本直之　宮内義孝　和田隆介　柳井良文

セッション3：内田祥哉と建築的自由
藤原徹平　古森弘一　羽鳥達也　門脇耕三

モデレーター：戸田穣
オブザーバー：内田祥哉

再読・内田祥哉

シリーズ「内田祥哉 窓講義」は1年をかけて全6回が開講された。最終回となる第7回では、聴講した若手建築家による総括討議が行われた。討議はメンバーを3つのグループに分け、個別のテーマにもとづき発表とディスカッションを行うものである。

ここでめざされたのは、参加者がこれまでの講義で学んだことを発展させ、独自の内田論を組み立てることだが、この背景には従来の内田解釈からの離陸を試みる創造的誤読の目論見もある。建築家たちは内田理論をいかに捉えたか——。建築史を専門とする戸田穣氏がモデレーターを務め、内田祥哉氏にもオブザーバとしてコメントを寄せてもらった、非公開討議の記録である。

門脇　内田祥哉先生の理論や設計は、現在どのように読まれるべきなのか。これを皆さんに考えていただき、未来につながるさらなる可能性を提示していただく。これが今回のテーマです。内田先生の言説はこれまで、やや正しく読まれすぎているのではないかと個人的には思っています。そのことは内田先生の研究の可能性を狭めてしまいかねない。しかし今回は内田先生のお話を構法計画の理論ではなく、建築全体に及ぶ理論として積極的に捉え直してみたい。内田先生は構法の研究者である前に建築家なわけですから、構法という枠組みを超えて、建築の問題として内田理論を語ってみようというわけです。自由な議論ができればと思っています。

セッション1：内田祥哉を実践的に読む
連勇太朗　橋本健史　藤田雄介　浜田晶則　増田信吾

メタボリズムと内田祥哉

橋本　内田祥哉先生の建築家としてのキャリアは、逓信省での設計活動からスタートしています。内田先生は当時の実感として、日本は遅れているという意識があったとおっしゃいました。戦後の何もない状況から、いかに欧米の近代技術に追いつくかが建築界の主題であったという。

一方で60年代ごろには、日本も戦災からだいぶ立ち直り、メタボリズムなどの日本独自の建築運動も生まれますが、この時代は内田先生が大学に戻られ、研究活動を展開されていった時期と重なります。内田先生とメタボリ

ズムグループにどの程度の距離感があったのかはわかりませんが、内田先生が当時、メタボリズムの活動をどのようにご覧になっていたか、ぜひお聞きしたいところです。

その後、80年代以降になると、内田先生の作品にはプレキャストコンクリートやプレストレストコンクリートを用いた構法の研究成果を活かしたものが増えていきます。メタボリズムはメガストラクチャーとサブストラクチャーという理念的なシステムによって建築の持続性を志向しましたが、内田先生は柔軟性を持つ構法を開発することによって、持続性という問題に実践的に取り組まれたと見ることもできる。内田先生の作品は、メタボリズムの現実に対するシステムとしての問題を乗り越えたものであるといえます。

メタボリズムはきわめて日本的な価値観から始まったものですが、にもかかわらず、1970年の大阪万博に至る中で、技術信仰に傾倒していき、結果的にうまく社会とかみ合わなくなったところがあります。しかし内田先生は、欧米に追いつくという目標からスタートしながらも、日本独自の建築や構法の在り方の模索をずっと続けられてきた。

こうした模索の中で、地震と耐久性に関する問題が、日本独自の課題として再発見されていく。地震の問題にはある程度めどが付いたものの、耐久性の問題はたいへん難しい。しかし内田先生は、耐久性を備えるためにはフレキシブルな新陳代謝が重要であるとお考えになった。

そのような観点から日本建築を見直してみると、和小屋の方がトラスよりも優れていることがわかってきます。部材の力学的な特性からすれば当然トラスの方が優れているのだけれど、フレキシビリティの点では和小屋の方が優れているという。そこには、メタボリズムが陥った技術信仰を乗り越えるヒントがあると思っています。そこにはもしかしたら、メタボリズムが達成できなかった都市に対する有効なビジョン、可能性も潜んでいるかもしれません。

これは内田先生の最終講義『建築の生産とシステム』に収録されている図です図1。建築の変化が建築生産をどのように変え、あるいは建築生産の変化が建築をどのように変えるか、その両者の動的な関係を表した図ですが、ご自身の設計と研究の基本的な枠組みを表しているとも捉えられ、象徴的な図だと思います。

さて、メタボリズムはある種のメガロマニアックな都市ビジョンを提示しましたが、それをあまりプラクティカルなレベルでは実現できなかったという点で、都市理論としては失敗だったと見てよいのではないかと思います。それに対して、より柔軟性を持った内田先生の理論は、じつは都市理論としても創造的に読み直すことができるのではないかと考えました。

内田先生の図を、少しだけ勝手に改変してみます図2。元の図では建築の変化と建築生産の変化に焦点があてられていますが、この中に「都市環境の変化」という第三項を入れ込むことができるのではないかと私たちの中で議論になりました。

メタボリズムはユニットという単位を想定していましたが、それが社会的

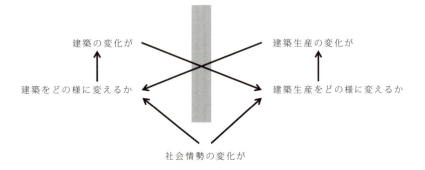

図1 「建築」と「建築生産」の関係ダイヤグラム
[出典：内田祥哉『建築の生産とシステム』住まいの図書館出版局、1993、p.14]

なレベルではあまりプラクティカルではありませんでした。対して内田先生のビルディングエレメント論では、一つひとつの部材に多次元の情報が埋め込まれていることが想定されていて、それらがアセンブルされてある境界面をつくったときに、熱や光などの因子がコントロールされて、結果的に建築や都市の性能が適切に発現するところに基本的な考えがあると思っています。これはメタボリズムとは違って、部材から何層にもわたって広がる階層構造を想定できる考え方ですから、部材からでも都市にアクセスできるというか、コミットメントできるようになる可能性を秘めているのではないか、というのが私たちの見立てです。元の図は時間の概念も含んだものですから、ビルディングエレメントをベースにしながらも、都市環境にコミットし、過去と未来をもシームレスにまたぐような関係性をつくっていくことが可能なんじゃないかと考えました。

　また、この図のおもしろいところは、建築生産という概念も拡張的に読み替えることができるところにもあります。建築生産という概念は、要するに戦後に技術が発展していく中で重要性を増していったものだと思うんですけれども、2000年以降は情報環境も急激に発展してきたので、たとえば「建築生産」の部分を「建築生産における情報環境」と置き換えると、昨今の人工知能やIoTなどのように、一つひとつの部材や製品に知性が埋め込まれていく状態を想像することができる。あるいはそういったものの集合によって、環境や社会の新しいコントロールの方法が現実化できる可能性さえこの図からは見えてきます。

　いずれにせよ私たちとしては、自分たちの建築的実践をどうやって都市につなげていくかを考えたときに、ビルディングエレメント論、あるいは内田

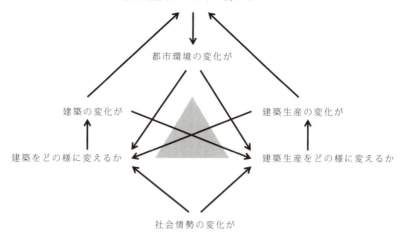

図2 「建築」と「建築生産」と「都市環境」の関係ダイヤグラム［作成：連勇太朗］

的枠組みには大きな可能性を感じています。また、われわれが内田的な枠組みを発展させようとするときには、建築生産を情報環境へと置き換えていくと、さらなる可能性が開けてくるんじゃないかという議論をしました。

藤田　メタボリズムは高度経済成長期の成長モデルを前提につくられていますが、縮小時代である現代の理論として、ビルディングエレメント論は有効なのではないか。メタボリズムの場合は、基本的にはユニットの交換によって建築の更新可能性を担保しようとしましたが、ビルディングエレメント論は面的な境界を想定したうえで、各面がどのような性能を担保するか、もしくはそこに不足したものをどうやって補っていくかという発想です。それは交換の可能性がより広がる議論ですし、時間の変化に対しても対応しやすいもので、その意味でもメタボリズムを実践的に乗り越える理論だといえそうです。

浜田　設計に際してはいろいろなエレメントを扱う必要がありますが、それらをどうしたらフラットに扱えるかに関心があります。その点でビルディングエレメント論は、構造部材と非構造部材にあまり優劣をつけないところにも可能性があるのではないか。

　情報環境との関連でいえば、エレメント自体が情報を持つようなものになり、そうした複雑なエレメントが新しい生産技術、つまりロボティクスやコンピューテーションによってコストも下げながらも生産できるようになれば、より自由な設計が民主化される可能性も開けてきます。内田先生には、現代の生産技術とビルディングエレメント論との接点についても伺いたいと思います。

増田　われわれの世代は非構造部材を構造部材と同等に見ているところがあると思いますが、その理由として、やはりリノベーションの仕事が多いことがある

と思います。新築ではたしかに構造部材の方が重要でしょうが、リノベーションの仕事では、構造はただの凸凹でしかなく、むしろ開口部のようなものの方が存在としては強い。具体的に光が入ってきて、人や家具が窓辺に寄っていく。開口部のように外とのつながりをつくっている部位のほうが、むしろ重要に感じてくるのです。非構造部材と構造部材をフラットに扱いたいと考えることには、そうした背景があります。

セッション1：ディスカッション

メタボリズムとビルディングエレメント論

戸田 　ありがとうございます。いくつか興味深いテーマが出たかと思います。リノベーションにおいては、構造よりむしろ開口部が非常に大きな存在感を持つという話も、実践的でたいへん興味深いものでした。
　このセッションのグループでは、メタボリズムと内田先生を対比して理解しようと試みていましたが、内田先生が考えていらっしゃったことの中にも、その時代と並行する同時代的なものと、時代の先を行っていたものの両方があったのだと思います。
　そこでまず内田先生に、メタボリズムをどのように捉えていらっしゃったのかをお聞きしたいと思います。また、皆さんから言及があったビルディングエレメント論は、現在では研究レベルとしてはあまり取り組まれていないものですが、この理論に若い建築家が注目していることについても、率直な感想をいただければと思います。

内田 　メタボリズムを、僕はいまだに理解していないんです。同時代的だったのかはわかりませんが、メタボリズムは丹下健三さんや菊竹清訓さんが言っていたことで、僕たちが当時付き合っていたのは、増沢洵さんや篠原一男さんなどでした。彼らはメタボリズムとあまり関係がない。つまり同じ時代を生きていても、世の中にはメタボリズムに関係がない人も当然ながらいるんですね。それで、僕はどちらかというとメタボリズムとは何だかよくわかっていない方だったというのが正直な話です。

連 　著書で「新陳代謝」という言葉は使ってらっしゃいますね。

内田 　新陳代謝をメタボリズムのことだとは僕は思っていません。当時メタボリズムと言っていた人たちも、新陳代謝とはまったく違うことを考えていたのではないかという印象を僕は持っています。僕が後につくる《NEXT21》などは、本当はシステムズビルディングという考え方に関係があるものですが、彼らが言っているメタボリズムは、そういうものではないんだろうと思います。
　メタボリズムは、どちらかというと下河辺淳さんがやっていた国土の大規模な開発のようなことと関係が深くて、僕たちが考えていた修理・修繕のようなみみっちい話は含まれているのか疑問です。

橋本　メタボリズムは新たな開発、あるいは土地をつくることによって、足りていない住宅を大量に供給するという開発計画側の考え方であって、持続性というテーマは実はそれほど重要ではなかったのではないかということですね。

ビルディングエレメント論を現代的に読み替える

連　私たちがなぜこの話をしているかというと、われわれの世代の建築家は、都市や街に大きな関心を持っているからです。あるエリアが建築を介してどのように更新できるかが、ひとつの大きなテーマとしてあるような気がしています。

　そうしたときに、メタボリズムは参照すべき大きな運動ではあるものの、現代ではあまり応用できなくて、むしろ内田先生のビルディングエレメント論の方が自分の実践に反映しやすいと感じています。そこで非常に興味を持ったのが、今メタボリズムと内田先生を対比的に話そうとしている理由です。

内田　僕がやっていることは、皆さんの問題意識に近いと思います。しかしあのころのメタボリズムは、再開発というよりは開発です。彼らからすれば、開発をメタボリックにすべしと考えていたのかもしれませんが、僕たちからすると、何もないところに港をつくるような話と違わないように見えた。それは僕の誤解だったのかもしれませんけれども、あのころのメタボリズムに持続性という考え方があったのかどうかはわかりません。

浜田　たとえばカプセル建築ではユニットの交換も想定されていますので、多少は考えていたのだとは思います。しかしメタボリズムは、トップダウン的、マスタープラン的に計画をすることを前提にしていたとは思います。

　ビルディングエレメント論が有効だと思うのは、現状を細やかに編集するような視点があるところで、そういう意味で、すでにできあがった環境の中で適用しやすいということが、メタボリズムとの大きな違いなのかなと思います。

内田　当時のメタボリズムが重視していたのは、社会的にスケールの大きい部分でした。つまり農村や工場地帯をどうするかという話で、われわれとは思考のスケールが違う。

　下河辺さんは僕と同級ですが、学生時代に東大の五月祭に向けて何かをつくろうとすると、お金がない中で僕たちは一所懸命安くつくる工夫をするんですが、下河辺はどこからともなく予算を取ってくる。

戸田　それがつまりメタボリズムとビルディングエレメント論との違いなんですね（笑）。今までのお話しを聞いて、メタボリズムはやはりその時代を代表するものであったけれども、同時代には並行していろいろな流れがあったこともよくわかりました。

　さて、このグループは「都市環境」というキーワードを内田先生の図に加えましたが、内田先生は都市についてはあまり語られてきませんでした。もうひとつ、「空間」という言葉も内田先生はあまりおっしゃっていなくて、

「内田祥哉が語らなかったもの」に目を向けてみるのも重要なのかなと思います。

内田　戸田さんが、僕が語れなかった問題を非常に的確に挙げてくれました。あのころは都市の課題に取り組んでいる人はかなり多くて、たとえば僕のすぐそばには丹下さんがいたし、蓑原敬さんもいましたし、僕の貴兄である内田祥文も都市計画をやっていた。だから僕としては、都市計画にはあまり触りたくないという気持ちがあったんです。そういう人たちの中で都市計画をやるには本腰を入れなきゃいけないと思いましたし、それならば都市よりは建築に軸足を置こうと考えたというのが事実です。

　もうひとつは空間ですが、空間は吉武泰水さんがすでにやっていたでしょう？　だから専門分野としては都市でもない、空間でもないところをやろうと考えた。吉武先生の空間論は今の空間論とは違うかもしれませんが、どちらかというと使われ方研究ですよね。それとは違うことをやらないと、研究の軸が定まらないだろうと思ったのです。

連　私たちが内田先生の図に差し込んだ「都市環境」という言葉には、都市計画とは違う意味を込めています。いわゆるCIAM的なゾーニングやマスタープランのある都市計画ではなくて、ある種の非常にインフォーマルな領域というか、生活環境からボトムアップで組み立てていく総体としての都市をイメージしています。

　ビルディングエレメント論は非常に即物的ですが、生活環境との関係性において発露する建築が想定できて、その先には都市がある。ですので、建築家の実践がそのまま都市につながるような、そういう都市理論が組み立てられるんじゃないかと感じています。

内田　それは当時の僕の考えていたことに近いと思います。都市が宇宙だとすれば、われわれがやっているところは地球だというぐらいの、そういうレベルの話ですが、都市とも地続きだという感覚は持っていました。

戸田　もうひとつ、リノベーションのときには構造体よりも開口部のほうが存在感を強めてくるという話ですが、ビルディングエレメント論にも、すべてのエレメントを等価に扱おうという感覚はあったと思います。ただ、窓を開口部、つまり穴として考えると、窓はモノではなく、むしろ空間の方に属するものですよね。先生のBE論の中で、開口部はどのように位置づけられていますか。

内田　BE論の中では、窓も壁の一部だと考えます。要するに、光も風もすべて通してしまう壁が開口部なのです。その意味で、窓は非常に明快にビルディングエレメントとしての壁の一様態だとみんなで合意していました。最近は建築史や文化財の分野では「柱間装置」という言葉が使われるようになりましたが、どこかそれとも通じるところがありそうです。要するに大工さんが墨を打つ線が柱であれば、そこの間にあるものが柱間装置であるという発想が、日本の古建築の中にはあるのではないかと思うようになってきました。

　しかしどうしてもうまく位置づけられないのは、柱と梁なんです。柱や梁は空間を遮断しているんじゃなくて、荷重を支えているでしょう？　そういうものはどう位置づければよいか、僕は大学を辞めるまでわからなかった。

連　窓も壁の一部である考え方は非常にシームレスで、それが内田理論の特徴だと感じています。それはどこかデジタルな発想でもあって、最近の情報技術ともすごく相性がいい。

戸田　BE論がデジタル的だというのはなるほどと思いました。内田先生のBE論は、そもそも部材を建物内の位置に応じて記号で表現していくというものでしたが、それは建物の新しい記述法を編み出そうとするものでもあった。内田先生が建築の研究を始めようとしたときに、記述法から組み立てようとされたことを僕は非常に重く受けとめているのですが、それはまさに現在の情報環境の話にも直接つながる話だと思います。

門脇　デジタルというよりは、パラメトリックと言った方がより正確ですね。BE論は、建築を多数の媒介項を用いて表現しようとする先駆的な試みであるとも評価できます。

戸田　それぞれのエレメントがある性能を担っているというのは、エレメントが情報的なものを持っているという発想でもあって、今まさに再評価されるべき理論だとあらためて思いました。

セッション2：建築史における内田祥哉
松本直之　宮内義孝　和田隆介　柳井良文

建築家・内田祥哉の美学

宮内　お題をいただいて、4人で集まって議論をしましたが、結論から言うと、内田先生が持っていらっしゃる美学というか、何に魅力を感じているのか聞いてみたいということになりました。

　これは私が講義を聴いて思ったことですが、内田先生は自分がつくったり考えたりしたことをすごく楽しそうにお話しされていて、理論家というより、実践者がしゃべっているという印象がずいぶん強かったんです。つまり、内田先生は研究者というより、やはり建築家なのだなということを強く感じましたので、だとすると、建築家としての内田先生が何をよしとしているのかを、突っ込んで聞いてみたいと思ったわけです。そうすることで、むしろ内田先生の理論をまったく違った面から見直せるのではないかと考えました。まずはこちらからいくつかトピックを挙げさせていただいた後、ディスカッションできればと思っています。

松本　思考・美学・理念というような観点から、内田先生の設計と研究をまとめ直してみました。構法の研究としては60年代前半のBE論で建築の記号化とその総覧的な記述をめざされ、その後、より実践的かつ統合的な手法としての開発研究に移られたと理解しています。それらの成果は『建築生産のオープンシステム』としてまとめられますが、そこでは寿命という概念が登場し、時間の観点も盛り込まれることとなります。

　このような研究と並行して、内田先生はさまざまな設計をされていました

が、その設計の中で変わったこと、変わらなかったことを、われわれなりに論点として挙げさせていただきます。

　一点めは、建築表現における色彩、素材感というテーマです。内田先生の設計では、構法的な工夫と同時に、表現としての素材感が特徴となることが多い印象を受けます。これが内田先生の美学にまつわるひとつの論点になるのではないかと思っています。

　二点めは、建築の中における手仕事と工業化の関係です。内田先生は建築生産の工業化に関して、プレハブの部分と手仕事の部分のある種のバランスが設計を規定するという意味の発言をなさっておられたと存じますが、このバランスは時代とともに変わるものであると理解しています。この手仕事と工業化の関係は、現在はどのようになっていて、これからどういう可能性が考えられるのか、伺ってみたいと思っています。

　三点めは、耐久力のある付加価値というテーマです。この言葉は、2003年に建築会館で開催された「内田祥哉展」に関する雑誌記事[1]の中に発見したもので、内田先生ご自身が、これまでの設計を大きなくくりでいうと「耐久力のある付加価値」をめざしたものであると位置づけられるのではないかとおっしゃっています。

　内田先生は、手近な材料と熟成した技術、将来の生活を取り込める自由度、地域の環境になじむ構法と姿、この3つを考えることが、内田建築の際立った特徴であると繰り返し発言されています。しかしその先に、現代社会において、熟成した建築技術は成立可能なのだろうかという問いを投げかけられてもいます。次々と技術が開発されて、人々の生活もどんどん変わっていく中で、技術は熟成しうるのかという問いですね。

　さらに、現代の熟成した技術が可能であるならば「その姿というのは時を越えて固定された美しさではなくて、高度な訓練で鍛えられた受け身の術に見られるように、あらゆる可能性に応えられる躍動を秘めた静かな美しさかもしれない」とも語っておられます。これは内田先生が美しさについて直接的に語られている貴重なご発言かと思いますので、くわしく伺ってみたいと思っております。

柳井　手仕事と工業化の関係というテーマに関連して、大量生産された後に人の手が加わるようなシステムの話に興味があります。現代では大量生産より一品生産の方が上等だと誤解している人もいるけれども、既製品や量産品でないとできない高級品もあるということを内田先生は指摘されていて、たしかにある部分までは大量生産が建築のレベルを上げるものであったことに気づきました。しかし現状の窓部品の生産の現場などでは、最後に人の手が加わる余地はほとんどなく、そこに自由度がなくなっている。メーカーも果てしない性能競争の中で疲弊していますが、その先に最後は人の手に委ねる余地を

1　内田祥哉「日本住宅のオープン性　内田祥哉展によせて」
『住宅建築』2004年3月号、建築資料研究社、pp.30-31

和田　私たちのグループでは、構法研究者として捉えられがちな内田先生を建築家として捉えたときに、その美学や思想にどう迫ることができるかを議論していました。そのときに、オープンシステムという考え方が、最後に人の手が加わり改変されることを受け入れる思想だと捉えると、内田先生の建築家としての美学が見えてくるように感じました。つまり、ひとりの建築家が完璧にコントロールした作品観ではなく、さまざまな他者を受け入れたうえで事後的に立ち現れるような作品観を、内田先生のこれまでの仕事は暗に示していたのではないかと。その作品観をメディアやジャーナリズムがどう捉えるかは、建築作品が多様化する現代において重要な問題だと思います。

残すことで、単なる性能競争を抜け出せる可能性があるのではないかとも思っています。

セッション2：ディスカッション

大量生産

戸田　内田先生の中で、何が変わって何が変わらなかったかという話をしていただきました。松本さんによるまとめでは、表現における色彩や素材の話、手仕事と工業化の話、プレハブと手仕事の話という3つのテーマに触れた後で、内田先生の美意識についての言及がありました。たしかに内田先生は、九州のお仕事ではいろいろなタイルを使って壁画をつくられたり、あるいは工夫された家具をつくられたりして、手仕事もたいへんに愛されているところがある。

　これはつまり建築ができ上がる過程において、人間はどこにいるのかという話であるように思います。これまでの建築論では、建築を構想する建築家、実際につくる職人、そこで暮らす生活者はよく登場してきました。ここでの皆さんの関心はその間、ヨハン・ホイジンガの言葉を借りれば「作る人」（ホモ・ファーベンス）と「遊ぶ人」（ホモ・ルーデンス）の間にあるのではないか。

　ということで内田先生には、建築をつくることに人間が直接関わることはどういう大切さを持つのか、まずは教えていただければと思います。

内田　ちゃんと筋を通してお話ができるかどうかわからないのですが、最初にひとつだけ言っておきたいのは、僕ははじめ、大量生産と一品生産の区別がつかなかったということです。

　たとえば大ざっぱに言って、カーテンウォールは大量生産ではありません。一品生産です。一方、住宅サッシは一品生産ではなくて大量生産。けれども実際に現場に入ってくる住宅のサッシはひとつずつすべて違うんです。ところがカーテンウォールは、ひとつのビルで使われるものは全部同じ。では、どうして同じものをつくるのに一品生産が使われて、違うものをつくるのに大量生産が使われるのか。このことを、僕は長い間はっきり説明できないでいたんです。けれども、ある時点でわかるようになった。ここで重要なのは、

カーテンウォールはひとつのビルで大量生産すること。つまり相手が一社だということです。

カーテンウォールは同じものを大量につくりますが、それを他のビルには使いません。こういうやり方を、建築生産では大量生産とは言わないんです。要するに、発注者が異なるごとに違うものをつくるのは一品生産です。それを長い間、僕は理解していなかった。

自動車だって、すべての部品を拾い上げると、ドアの色から何から1台ずつ違うかもしれない。しかしこれは一品生産ではなくて大量生産です。不特定多数を相手に生産しているからですね。けれども入学試験の問題などは、全部同じでも大量生産ではない。なぜならその年に使った問題が翌年は使えないから。つまり1年ごとに相手を変えて試験問題を生産していると考えることができる。

それが大量生産と一品生産の違いですが、建築において大量生産というのは、どうも受け入れられないものであると僕は思っているんです。日本はとくにそれが顕著な国です。というのも、大量生産でつくったものはすぐに時代遅れになるんですね。ところが時代遅れになっても生産は止まらない。そうなると生産側はひどい目に遭うというのが、僕がプレハブをやっていて、つくづく感じたことなのです。そういう意味では、民主主義でないと生産がサスティナブルにならないですね。民主主義ではいろんな好みが出てくるから、一品生産的にやらざるを得ませんからね。

ところで、耐久力のある付加価値というテーマですが、これはやや誤解される向きがあります。ここで言いたいのは、耐久力に付加価値があるということではなく、付加価値自体が長い間続くのが大事だということなんですね。

たとえば利休がつくった茶室は永続的に付加価値を持ち続けるはずです。しかし一般の職人が工場でつくったものに、耐久力のある付加価値を持たせることはなかなか難しい。技術はどんどん新しくなるので、なかなか付加価値が安定しないんですね。でも、プレカット技術などの中には、そういうものがきっと出てくるだろうとは思っています。

手仕事

戸田 大量生産の最後にひと手間、手仕事を加えるという内田先生の過去の発言が紹介されましたが、これはどのような意図でおっしゃったのでしょうか。建築生産という研究的な枠組みからすると、手仕事はなかなか位置づけにくいはずですが、内田先生は独特のアフォリズム的な文体でそれをも言語化してしまう。設計のお仕事でも、そのような感性をとどめている。それはどのようにしてなのか。プレハブで一定の品質を確保しながら、いかに建築における多様性を確保するかという問題とも関係しているようにも思えます。

内田 難しいですね。うまく答えられないところをぎゅうぎゅうと突っ込んできて（笑）。けれども、自動車のようなものでも、買った人がいろいろ細工をして、

他の自動車とはちょっと違うところを自慢に思って大事にすることはよくある。それはやはり、手仕事が加わっているためであろうと思うんです。僕としては、たとえば手摺など、とくに人の手が触れるところについては、他の部分とは違うことをやってあげたいと思うようです。

和田　最後に手を加えることが、他のものとの違いをつくり、それが愛着を生み、それが耐久力につながるというお話だと思ってよいのでしょうか。

内田　いや、それはわからないですね。たとえば僕が九州で一所懸命つくった建物でも、もう壊しちゃった方がいいと思っている人もいるわけです。でも、手づくりを入れておいたほうが、少なくとも使う人にとっては楽しいんじゃないかという気持ちが僕にはあります。つくる人間の勝手な言い分かもしれませんが。

宮内　今、私たち若い世代の設計者の仕事の枠組みが、これまでどおりお施主さんに仕事をもらってつくるということ以外に、ものすごく広がりを見せています。たとえば使う人と一緒につくるとか、あるいはつくり方をワークショップで共有して、一緒につくるとかなどですね。いろいろな建築のつくり方が模索されている時代だと思います。

　ただ、それが個別の取り組みにとどまってしまって、内輪でおもしろかったねと言って終わってしまうのではなく、広く共有できる価値観につなげていかなければと感じています。それはどのようなものなのか、なかなか言葉にできずにいますが、内田先生に何かお考えはありますか？

内田　それは僕が一番答えにくいところです。手づくりには、やはり自分がやりたいからやっているところがありますからね。

戸田　話が飛んでしまうかもしれませんが、最後に私からも聞かせてください。「その姿は時を越えて固定された美しさではなくて、あらゆる可能性に応えられる躍動を秘めた静かな美しさだ」という内田先生の言葉を松本さんに引いてもらいましたが、この文章に触れて、私は堀口捨己を思い出しました。堀口は庭についていろんなところで語っていますが、庭はでき上がったときが完成ではなくて、そこから植物が育ったり、それを剪定したり、どんどん変わっていくところがある。つまり庭の美しさというのは、単に空間の美しさじゃなくて、その向こうにあるものを感じさせるような、可能性の状態にあるような、そういうものが庭の美しさなんだと堀口は言う[2]。内田先生は、それとほとんど同じことをおっしゃっているんじゃないかなと思ったのです。いかがでしょうか。

内田　やはり日本建築は非常にフレキシビリティがあると思っています。それはどこか日本の庭のあり方とも関係しているような気がします。

　そういうことを考えると、僕がいつも思い浮かべるのは都市計画なんです。

---

[2]　「今の時に示す限りの造形が心を打つものを持ち、その造形が次の時には変わってきても、なお心打つものをあらかじめ見通せるようなあり方、すなわち作者の設計の心積りに連なる姿を庭が約束するとき、持ち続けうる一つの纏まり世界として、目を捕え、心に響きを伝えるのである。」堀口捨己「庭とは」『庭と空間構成の伝統』縮刷版、鹿島研究所出版会、1977、p.6

都市計画も、昔はパリのように道路を放射状につくるとか、中心に凱旋門をつくるとか、そういうものだった。しかし今は、そんな都市計画は古いとされているでしょう？　つまり都市としての成長をある程度は認められるものでないと、都市計画もサスティナブルにならないと思うのです。つねに現代に生きていて、しかもそれが何となく将来につながっているというのが、都市計画の理想だろうと思うのです。

都市計画については、高山英華先生のお話をよく聞いていましたが、都市計画は完成したときの図の良し悪しではなく、完成までの途中で人間がどうやって暮らしていけるかどうかが重要だと高山先生はおっしゃっていました。

建築もサスティナブルが重要であると言う以上は、フレキシブルでありつつ、変化の途上でもって、生活がうまくいかなくてはならない。そういう意味では、日本の町家は非常に素晴らしかった。現代の視点からすれば、町家は耐火や耐震の問題を抱えていますが、それでも僕が考える理想の建築に近かったんじゃないかと思っています。

セッション3：内田祥哉と建築的自由
藤原徹平　古森弘一　羽鳥達也　門脇耕三

内田祥哉は何から自由だったのか

古森　私たちは、「内田祥哉と建築的自由」というテーマで考えてみました。まず、内田先生が何から自由であったか考えるために、いくつかキーワードをピックアップしました。

まずは「作家性」。内田先生は、建築家がとらわれがちな作家性から自由だったのではないか。「メディア」というキーワードも挙がっていますが、内田先生は、建築メディアを自分の戦場とは捉えてはいないだろうと感じていて、メディアを意識して何かをつくったということはなかったのではないかと思います。また「空間・視覚芸術」からも自由なのではないかという意見もありました。セッション1でも話題に上りましたが、内田先生から空間という言葉を聞いた記憶が私にはないですし、また私たちの世代とは違って、建築を視覚的なアートとして語られたこともあまりないと思います。

次に「時代精神」。内田先生は、時代に翻弄されずに建築設計をしてこられたのではないか。時代精神と関係するかわかりませんが、内田先生にはアトリエや組織といった意識もなかったのではないかと思います。私が学生のころ、内田先生は毎年のように日建設計の林昌二さんや第一工房の高橋靗一さんと一緒に旅行されていて、2週間ぐらい研究室を留守にする期間がありました。こうした振る舞いにも表れているように、建築家を所属する組織で区別するような意識を感じたことがありませんでした。

最後に、これは羽鳥さんの言葉ですが、内田先生は内田先生ご自身に縛られなかったのではないか。つまり内田先生は、自分自身をあまり厳格に定義

づけてはこなかったんじゃないか。私たちの中ではそういったことを話しました。

　以上のようなキーワードをさらに発展させて、内田建築について考えてみたところ、「足し算的建築観」「これからの町家（庶民建築）」「ポスト作家性の時代」という建築論が浮かび上がってきました。藤原さん、門脇さん、羽鳥さんにそれぞれ話していただきます。

建築の民主主義──足し算の思考

藤原　このゼミにずっと参加してきて一番印象に残っていることは、内田先生の技術に対する興味です。カーテンウォールに言及した第1講でも、内田先生は羽鳥さんに、今の最新の技術について質問されていましたが、内田先生の技術への興味の強さはみんなが感じたことだと思います。

　内田先生の技術への興味は、建築をいかに機能的につくるかなどといった範囲にとどまらないものだとも感じています。つまり内田先生は、技術の面から人類の歴史を俯瞰的に捉えようとする視点をお持ちなのではないか。

　建築を技術史的に捉えようとすると、建築の技術には1000年ぐらいほとんど変わっていないものもあれば、ここ数年で大きく変わったものもあります。内田先生は、そうした視点から建築を見ているのではないかと感じることが多々ありました。

　また内田先生はご自身の作品を紹介されるときに、構造体からスリッパ掛けのつくり方まで、すべて理路整然と説明されます。これも技術への興味があるからこそだと思いますが、内田先生の場合、作品のすべての部分が理にかなっているんですね。

　この「理にかなっている」ということは、建築の本質だと思います。内田先生は、建築の芸術としての側面と工学としての側面を融合させていくべきだとつねづねおっしゃっていますが、それを支えるのも、理にかなっていること、つまり建築に「ことわり」があることなのだと思います。

　そして内田先生の技術に対する視点はたいへんユニークです。たとえばラグナール・エストベリが設計した《ストックホルム市庁舎》とオーギュスト・ペレが設計した《ル・ランシーの教会》を比較されて、耐久性の観点からはエストベリに軍配が上がるとおっしゃる。しかし内田先生の言う耐久性は、決して性能論にとどまるものではなく、社会が強く残したいと思う建築こそが残るんだということもおっしゃる。つまり内田先生の技術に対する興味は、さまざまな尺度を自在に横断するものなのですが、そこに私は内田先生の自由さを強烈に感じます。

　私自身、学生時代に内田先生の和小屋のレクチャーを聴いて、建築的思考の自由を手に入れた気持ちになったことがあります。つまり内田先生の姿勢には現代建築と古典建築、あるいは洋風建築と和風建築の垣根さえ自在に飛び越えてしまう自由さが潜んでいる。どこにでもある和小屋の建築の中に、

もしかしたら、ものすごい建築の組み立て方のヒントが隠れているかもしれないと思わせてしまう。私がその後、隈研吾さんの事務所に入った理由のひとつには、内田先生のそういう姿勢に影響されたこともあります。

　内田先生は何か特定の価値観を上位に置くようなことをされませんが、そのためなのか、内田先生の建築には、どこか足し算的なところがあると私は思っています。さまざまな部位が一つひとつ理にかなっているんだけれど、それらは異なる「ことわり」にもとづいている。しかし建築を組み立てる際には、それらの「ことわり」をすべて足し合わせるようにして秩序をつくっていく。そうした足し算的な秩序のつくり方に、私は未来を感じています。

　たとえば現代社会では、建築家が理想の建築だと思ったものでも、市民から使いづらいと言われたらどうしようもない。そこで建築家の論理も市民の論理も足し合わせることができたら、その建築は未来の希望になる。隈さんは内田先生のしなやかな知性を、「建築の民主主義」という言葉を使って説明していましたが、そうした姿勢こそ私は内田先生から学びたいと思っているのです。

庶民に「建築」を届けた建築家・内田祥哉

門脇　内田先生は大学の先生を長く務めてこられましたが、内田祥哉を理解しようとするときに、内田先生は建築家であると考えないと、内田先生のことを正しく理解できないだろうと僕は思っています。

　内田先生は先ほど、「町家は理想の建築に近かったと思う」とおっしゃっていました。この町家は、当然ながら都市住民が住んだ庶民住宅で、構法としては近世の終わりごろに完成したものです。内田先生の構法にあったとおり、和小屋を載せているのが特徴ですね。

　一方で、当時の庶民住宅には農家や漁家もありました。内田先生の講義にあったとおり、こちらは扠首組の小屋を載せた庶民住宅です。つまり当時の庶民住宅には、町家と農家という異なる構法を持った、ふたつの建築の系列があったことになります。

　さて、内田先生の和小屋についての講義で、和小屋は双堂に大屋根を架けることから始まったということを教えていただきました。双堂はいうまでもなく社寺建築ですが、つまり和小屋を乗せた町家は、社寺建築の構法に連なっているということになります。

　社寺建築は、古代に仏教とともに中国大陸から伝来した構法でつくられます。この構法は、中国から伝来して以来、日本風にカスタマイズされつづけたものの、長らく宗教建築や貴族住宅を担っていたもので、つまり権力機構の建築をつくってきたものでした。しかしこの構法が、近世には町家というかたちで庶民にも普及します。近世は、権力機構の建築と庶民建築が本質的に同じ技術でつくられるようになった時代だったわけです。

　このことは、近世の日本建築の特筆すべき達成だといえるわけですが、そ

れを最初に指摘したのが歴史家の渡辺保忠です。渡辺先生によれば、近世以降の木造の庶民建築をつくる職人である大工は、古代においては中国大陸風の建築術を操る超越的な技術者で、つまり建築家であったといいます。しかし古代において建築家であった大工が、時代が下ると一職人の呼び方になる。ここに日本に特有の、建築が民主化していくプロセスを見て取ることができるというわけです。

しかし、近代になると、欧米から新しい建築技術が入ってきます。この新しい建築技術は、近代以降の権力機構の建築をつくるために活用されることとなりますが、ここでやはり、この新しい技術を操る超越的技術者としての建築家が必要とされることとなります。

ところがこの新しい建築家は、自身のアイデンティティにずっと悩むことになるわけですね。なぜ外国の技術を使って自国を象徴するような建築をつくらねばならないのか。そうした当然の疑問を抱き、それを乗り越えようと努力を重ねるわけですね。

この悩みを完全なかたちで乗り越えた建築家は、一般的には丹下健三であると理解されています。丹下は欧米由来の近代技術を使って、日本古来のデザインを昇華させ、数々の名作をものにしていきました。

さて、丹下は第二次世界大戦中に建築家としてデビューしていますから、世代的には戦中世代の建築家ということができるでしょう。一方で、内田先生は建築家としては丹下の次の世代で、戦後第一世代にあたります。戦後にデビューした同世代の建築家としては、ほかに増沢洵などを挙げることができるでしょう。

この戦後第一世代の建築家は、例外なく住宅をつくることに情熱を注ぎます。このことは、戦中世代である丹下が、近代技術を使って権力機構の建築をつくろうとしたのに対して、戦後第一世代は近代技術を使って庶民建築をつくろうとしたと理解することができます。つまり丹下が近代的社寺建築をつくろうとしたのに対して、内田先生は近代的町家をつくろうとしたのではないか。

このことを、日本建築の流れが反復しているのだと捉えるのであれば、われわれの世代がやるべきことも明確になります。つまり近代技術を使って庶民建築をつくるという内田先生の世代が示した道筋を継承する必要があるというわけですね。

内田先生の世代は、近代技術を使って庶民建築をつくるにあたって、建築生産の工業化という方法を重視されました。しかしこの方法は、現代的に改められる必要があると思っています。その方法とは、古森さんのように地域で活動することかもしれませんし、羽鳥さんのように大衆のための建築＝巨大な庶民建築をつくることかもしれません。いずれにせよ、内田先生の示された「町家」という概念が、現代においてはどのような建築として翻訳されるのか、われわれは真剣に考えるべきだと思っています。

メディアから自由、空間からの自由

羽鳥　内田先生は建築家であると門脇さんはおっしゃいましたが、最初の古森さんの発表にあったように、内田先生は建築家でありながら、作家ではないと思っています。

　作家的な建築家像は、1970年代にデビューした建築家、いわゆる野武士の世代の建築家あたりが始まりなのだろうと思います。当時は建築メディアが盛り上がっていた時代ですから、言説も盛んで、結果として建築界が実社会と乖離していった側面があると思っていますが、そうした中で建築家も作家として語られるようになった。しかし内田先生は野武士たちよりずっと上の世代ですから、逆説的にそうした時代の熱病的な動きから自由でいられたのではないかと想像しています。

　さて、このセッションの4人は1970年代生まれで、1990年代に建築教育を受けた世代ですが、ちょうど野武士世代の建築家に教えを受ける機会も多かったので、つねづね「作家であれ、空間を語れ」と言われ続けてきました。その言葉に素直に従ったかどうかは別として、すごく影響を受けたことはたしかです。同世代の建築家には、それに反発を感じた人が多いように感じていますが（笑）。だからこそ、内田先生の「作家」や「空間」から自由な態度は、非常に参考になりますし、共感できます。

　また、内田先生はメディアからも自由であったのではないかと古森さんが発表されましたが、現代という時代そのものが、従来型のメディアから自由になりつつある時代だと思うんです。つまり、個人が自由に意見や考えを発信できるし、情報も自由に手に入れられる時代になっている。そうした時代には、特定のメディアがつくり出す作家幻想や作品幻想のようなものは弱くなりますから、品質の高い建築とは何か、性能にすぐれた建築とは何かということが、あらためて問われるはずです。そうした意味でも、内田先生がお考えになってきたことはとても参考になるでしょう。

　先ほども、ビルディングエレメント論は建築をパラメトリックに捉えようとしたものだったのではないかという話がありました。これは建築をたくさんの変数の集合であると見なすことでもありますが、こうした考え方を導入すると、多目的最適化が非常にやりやすくなります。つまりパラメータの値を変えることで、さまざまなシミュレーションや計算を行い、多数の項目に対する最適化をしていくというわけです。

　建築をこのようにパラメトリックに捉えることが発展すると、仕様規定やビルディングタイプのような考え方があまり必要ではなくなってくるはずです。新しい時代には、ビルや住宅などといった枠組みを超えて、建築をアーキテクチャーとして、つまり知的な情報のプラットフォームのように捉えることができるかもしれない。内田先生のお考えは、そうした世界にもつながっているものだろうと思っています。

セッション3：ディスカッション

建築自身から自由に

戸田 今日は戦後のお話しが多いですが、とくに門脇さんからは、伽藍をつくっていた社寺建築の技術が町家まで下りてきた、それと同じプロセスが日本の近代に起こったと見立てると、1910年代生まれの丹下健三と20年代生まれの内田祥哉は、きわめて対比的に位置付けられるのではないかという非常に大きな話がありました。また個人的には、藤原さんが示された「足し算的建築観」は、内田先生の前向きな建築に対する姿勢を的確に表していて、ふさわしい言葉だなと印象に残りました。

内田 建築の自由ということを僕が語るとしたら、建築は建築自身の束縛から自由にならなきゃいけないというのが今の気持ちです。建築は、人間がこうやろう、ああやろうと思っても、なかなかそうはいかなくて、自分自身に縛られているようなところがいっぱいある。それを何とか自由にできる方法がないだろうかと思っています。

　それで、僕自身が自由かどうかというと、まあ昔よりは自由です。昔は上司の言うことを聞かなきゃいけなかったですし（笑）。それでもやっぱり建築自身が自由でない。建築には、たとえば地震に対してある程度の耐久性がなくてはならないとか、いくつかの当たり前の束縛があるんです。けれども、将来の建築がそうした束縛から自由にいられる方法を考えていくことは重要で、それこそが建築の備えるべき自由なんだろうと思います。そのことは、僕がずっと考えてきたフレキシビリティとも関係があるかもしれません。

　また、人間がつくったものは何でもそうですが、建築は法規によっても束縛されています。しかし今の日本の建築は、あまりに法規でがんじがらめになりすぎているように思います。法規からの自由などとは言いたくはありませんが、たとえば木造住宅の壁量計算などはとても自由度のある考え方で、そうした新しい方法が発達すると、現代建築も自由になれるのかなと思っています。

空間について

門脇 建築が建築自体から自由になるべきだという、ある意味で究極のお言葉をいただいて、うれしく思いました。

　ところで、何度か話題に上りましたが、内田先生が「空間」から本当に自由だったかというと、やや疑問です。もちろん羽鳥さんが指摘した、何だかよくわからない建築の質という意味での「空間」からは自由だったと思いますが、この用法は端的に言って誤用です。空間の本来の意味は、物的な建物によって定義される建物以外の非物質的な部分、つまり空気の塊のことですよね。空間という言葉は、日本では戦後に使われ出したものですので、内田

先生自身は空間という言葉を使った教育を受けていらっしゃらないはずです。

内田　昔、空間と言えば何でも通用する時代があったでしょう？　そういう時代に空間というと、自分がやっていることが定義できない。ですから、僕はあまり空間という言葉を使いたくないのです。

門脇　用語の定着過程で意味の混乱があったと思うのですが、空気の塊という本来の意味で考えると、ビルディングエレメントと密接に関わることがわかります。空間に対してのネガティブ（反転）を考える、つまり境界面を考えるのがビルディングエレメント理論なので、基本的に空間とBEは双子の関係にある。先ほどBE論では柱・梁を扱えなかったという話がありましたが、空間をリジッドに捉えた近代建築でも、やはり独立柱を理論的に位置づけることが難しく、面による表現を志向するようになる。ですので内田先生は、じつは空間から自由ではなかったのではないかと僕は思っています。

藤原　ビルディングエレメント論は境界を扱うものだから、必然的にそれは空間論でもあるというのにはなるほどと思いました。

門脇　一方で建築にとって、独立柱はきわめて重要な文法です。しかし、たとえば和風建築にとってたいへん重要な存在である床柱は、現代建築の理論だとなかなか合理的に説明できない。あのような存在をいかに合理的に説明できるか、そこが現代建築の課題だと思っています。なお、この場合の「合理性」は、羽鳥さんがおっしゃった多目的合理におそらく近く、性能・美学・生産組織論などの多元的な尺度を含むものです。

ビルディングエレメントの扱い方

藤原　柱だけではなく、梁もビルディングエレメント論では扱えなかったという話は、とてもおもしろかったです。

内田　そう。ビルディングエレメントの議論をしていたころは、柱・梁と配管・配線。これがどうにも手に負えなかったんです。モデュラー・コオーディネーションをやっていても、柱・梁と配線・配管は扱いづらい。線のようなものなのに、実際には太さがあって面積があるので、そうすると途端にうまくいかなくなる。

　こうした線のようなものは、中に何かが流れるのが普通です。配管・配線の中には電気や液体が流れて、柱・梁には力が流れていく。こうした動線のようなものと、ビルディングエレメントは別ではないかということは、ずいぶん前から考えていた。けれども、それをどう区別すればよいのかはいまだにわかりません。

藤原　とてもおもしろい話です。構造設計では、柱を壁のように捉えるときもありますね。つまり柱をどんどん扁平にしていくと、あるときに壁として効きはじめる局面がある。柱と壁を連続的に扱う考え方もあるわけですね。

　一方で、違った位相にあるものを違ったままに扱うやり方もある。はたしてどちらの考え方が、より自由で魅力的な現代建築をつくれるのかというと

ころに、建築家として猛烈に興味をかきたてられます。

門脇　僕は後者に可能性があると思っています。たとえば和小屋は後者の考え方に近く、内田先生に教えていただいたように、屋根架構と軸組の間には仮想的な水平面がすっと入っている。だからふたつの異なるシステムは、共存しながらもそれぞれ自由に振る舞える。これは違ったものをどんどん取り込んでいきながら発展する、重層的な技術イメージを喚起するもので、それは藤原さんがおっしゃった「足し算的建築」にも結びつきそうです。

古森　重層的といえば、私たち設計者からすると、やはり窓には一番いろんな仕事をしてもらう必要があります。光や風を適度に入れながら、虫は除けて防犯もしなくてはならない。そのときに、光はフィックス窓から取り入れて、その脇に木製建具で採風窓をつけたりすると、デザイン的にはうまくいきやすい。一方で、アルミサッシや樹脂サッシはひとつの窓がオールマイティに全部の仕事をするという考え方で、藤原さんがおっしゃるような対立は建築のいろいろな場所にありそうです。

藤原　壁とは窓の変質したものであるという話も今日はありましたが、これはすごく重要なマニフェストではないかと思っています。われわれは普段、窓は自明に窓だと考えがちですが、それを内田先生のように自由に捉えれば、ひとつのエレメントにも建築概念の組み立て方を更新しうるような可能性を見出せるのかもしれない。

　　　歴史や技術や数学など、世の中にはいろいろなものの捉え方がありますが、それらを自在に駆使しながらエレメントを考えることによって、建築全体の組み立て方さえ更新できると考えなければならないと思います。そこを突破する意識がなければ、建築も変わらないし、都市も変わらないのだと思うのです。

　　　ビルディングエレメント論とはつまり、そうした態度こそを要求するものではないか。私が隈さんの事務所で内田先生を意識しながら仕事をし、そして今回のゼミを経験して、最終的に考えているのはそういうことです。

　　　内田先生は、建築が建築自身の束縛から自由であるためには、社会のニーズや人間の欲求に対して、建築の組み立て方もつねに柔軟に更新され続けなければいけないとおっしゃったのだと思います。それこそが内田イズムで、だから内田先生は、建築の組み立て方を変えようとする動きは、それが建築家によるものだろうと技術者によるものだろうと応援してくださる。そうした姿勢には、みんなが勇気をいただいていると思います。

戸田　白熱した議論をありがとうございます。

　　　最初、皆さんからは「内田先生は何から自由だったのか」という問いかけがありましたが、内田先生はその主語を途中で変えているんですよね。つまり内田先生、あるいは建築家という主語が、途中から巧妙に建築に置き換えられている。個人的には、ここに内田先生らしさを非常に感じました。

　　　つまり内田先生は、どんなときにもまず建築を第一に考えてこられたのだと思います。建築家がいるから建築があるのではなくて、建築があるから建築家がいる。そうした内田先生の姿勢はずっと一貫したもので、だからこそ

「建築はそもそも何に束縛されているのか、建築はいかに自由になれるか」という問いは非常に内田先生らしく、重要なものだと思いました。

総括：内田祥哉のメッセージ

内田 今日は追及を受ける覚悟で来たんだけれども、みんなお手柔らかにいろいろ言ってくださったので、たいへん楽しかったです。

　建築にも自由があるんだということを僕が最初に知ったのは、学生時代のことです。浜口隆一さんにアメリカの幼稚園の本を紹介されて、その翻訳をしていたところ、フレキシビリティという言葉が出てきた。それがいまだに頭にこびりついています。

　最初はフレキシビリティとはどういうことか、よくわかりませんでした。しかしいろいろな経験を積むうちに、これも束縛、あれも束縛と思うようになる。建築は、その束縛を逃れるためのフレキシビリティを備える必要があるわけですが、フレキシビリティは建築家が考えて発明するようなものではなく、社会が考え、建築がひとりでに身につけていくものではないか、と今では思うようになりました。だから、江戸時代の建築が非常に自由なのは、当時の庶民がみんなで考えたことが、やがてデファクトスタンダードになった結果だと思うんです。

　ただ、江戸時代の庶民住宅がいくらフレキシブルだといっても、現代では通用しない。それは火事や地震で壊れてしまいますから。だからこそ、火事にも地震にもやられず、フレキシビリティを持った自由な建築の建て方を考える必要がある。それが超高層から平屋建てまで共通するものになるとは思いませんから、それぞれの分野で、みんなが考えていくと、そのうちにデファクトスタンダードができるかもしれない。

　学者の仕事というのは、そのデファクトスタンダードを予言することでもあるのですが、しかしなかなか難しいですね。たとえば《NEXT21》では、モデュラー・コオーディネーションをしっかりやっておけば部品が交換できますよ、ということをやりましたが、あれもひとつの方法。寿命が違う部品は取り替えられるようにしておくことも考えたし、部品を交換するときに、道連れ工事が起きないようにすることも考えました。しかしもっといろいろな方法が考えられるのだと思います。

　日本建築でいえば、江戸時代の庶民住宅の最大の欠点は、水平構面がないことです。しかし現代の新しい木構造では、水平構面がちゃんとできています。ということは、耐震壁という考え方は少し変わってくるはず。要するに、耐震壁は垂直力を支える必要がないという考え方に進んでいくのではないか。そして、水平力に耐えるためだけの耐震壁はとても薄くて、ラーメン構造のようにしっかりと接合されている必要もなく、ほとんど置いてあればよいという考え方になるはずで、だんだんとそうしたものが増えていくはずだというのが僕の和構法の理論です。

おそらく皆さんは、そういう方向に向かっている時代に生きているはずで、皆さんは将来、フレキシビリティを備えながら地震にも耐えられる新しい建築をつくるようになるのかもしれない。皆さんそれぞれが自由な建築を考えていくうちに、やがてひとつのスタンダードができ上がるはずだと、僕は思っています。

あとがき

　学生時代に一度だけ内田先生の和小屋の講義を聴いたことがある。フィラデルフィアに建つ吉村順三設計の《松風荘》保存基金を募る会でのことだった。私は当時大学院生で、知人の書家の方が《松風荘》保存運動の発起人をしていた縁で保存の会を手伝っていてレクチャーに紛れ込ませてもらっていた。レクチャーでは内田先生は、松風荘にも吉村順三にもほとんど触れず、和小屋のことを少年のような眼で楽しそうに説明していった。1998年の夏だったから、ちょうど内田先生が和小屋のおもしろさを再発見していたころかもしれない。それは空間論でもなく、人類学からの説明でもなく、江戸時代のリサイクル社会礼賛でもなく、建築論としての和小屋論であった。私にはたいへんショッキングだった。結果、松風荘の話がほとんどなかったにもかかわらず、多くの寄付の申し出があったという。

　窓学内田ゼミに参加した私たちは、毎回子どもの頃のまだ世界がわからないことで溢れていたときのような知的興奮に包まれた。聴講するわれわれの熱量は、見事な編集によって本書の行間に感じとってもらえると思う。内田先生は戦争の最中にも学びを止めなかった世代である。先入観にとらわれずおもしろいものをおもしろいと言い切れる冷静さと勇気。少しでも建築の長寿命化・高品質化を図ろうとする技術者の魂。建築とは新しい事物の組み立ての思考そのものであるという新しさへの探求。そして何より、建築をつくりたくてしかたがない、創造ということに取り憑かれたひとりの建築家の姿。内田祥哉とは日本のケネス・フランプトンであり、コーリン・ロウでありヴァルター・グロピウスなのである。多くの発見と感動を得た。

　私事になるが、私が隈事務所の門を叩いたのはいくつかの偶然が重なったためだが、今思えば学生時代に聴講したあの日の内田先生のレクチャーがそのひとつの導き手だった。今回こうして伝説の内田ゼミを聴講できたことの幸運と運命に心から感謝したい。本書の企画者である門脇耕三氏と編集者の鹿島出版会・川尻大介氏、本書の実現に多くのサポートをいただいているYKK APの窓研究所には、ゼミ参加者のひとりとして心から感謝の意を表したい。そして何より内田祥哉先生、最高の講義をありがとうございました。本書によって、建築学にアーキテクト、エンジニア、ビルダー、マニュファクチャーという垣根を越えた分厚い議論と新しい実践が巻き起こるようにゼミ生一同、頑張ります。

藤原徹平

編著者

内田祥哉（うちだ・よしちか）
建築家、建築学研究者、東京大学名誉教授
1925年東京生まれ。東京帝国大学第一工学部建築学科卒業。逓信省、日本電信電話公社を経て、東京大学教授、明治大学教授、金沢美術工芸大学特認教授・客員教授、日本学術会議会員、日本建築学会会長を歴任。工学博士、東京大学名誉教授、工学院大学特任教授、日本学士院会員。
おもな作品に《東京電気通信第一学園宿舎》、《中央電気通信学園講堂》、《佐賀県立博物館》、《佐賀県立九州陶磁文化館》、《武蔵学園キャンパス再開発》、《大阪ガス実験集合住宅NEXT21》など多数。
主著に『建築生産のオープンシステム』（彰国社、1977年）、『建築構法』（市ヶ谷出版、1981年）、『造ったり考えたり』（私家版、1986年）、『建築の生産とシステム』（住まいの図書館出版局、1993年）、『建築家の多様 内田祥哉 研究とデザインと』（建築ジャーナル、2014年）など多数。

門脇耕三（かどわき・こうぞう）
建築構法、建築設計、明治大学専任講師
1977年神奈川県生まれ。2001年東京都立大学大学院工学研究科建築学専攻修士課程修了。2012年より明治大学専任講師。著書に『「シェア」の思想』（LIXIL出版、2015年）など。

藤原徹平（ふじわら・てっぺい）
建築家、横浜国立大学大学院Y-GSA准教授
1975年神奈川県生まれ。横浜国立大学大学院修士課程修了。2001年より隈研吾建築都市設計事務所勤務、設計室長・パートナーを経て2012年退社。2012年より現職。フジワラテッペイアーキテクツラボ主宰、NPO法人ドリフターズインターナショナル理事、宇部ビエンナーレ審査員・展示委員。おもな作品に《等々力の二重円環》、《代々木テラス》、《稲村の森の家》など多数。著書に『7inch Project〈#01〉Teppei Fujiwara』（ニューハウス出版、2012年）、『20世紀の思想から考える、これからの都市・建築』（共著、彰国社、2016年）、『アジアの日常から』（共著、TOTO出版、2015年）『応答 漂うモダニズム』（共著、左右社、2015年）など。

戸田穣（とだ・じょう）
建築史、金沢工業大学准教授
1976年大阪府生まれ。2009年東京大学大学院工学系研究科建築学専攻博士課程修了。博士（工学）。2017年より現職。おもな著書に奈良文化財研究所編『都市の営みの地層——宇治・金沢』（共著、文化的景観スタディーズ04、2017年刊行予定）

小西泰孝（こにし・やすたか）
構造デザイン、武蔵野美術大学教授、
小西泰孝建築構造設計代表
1970年千葉県生まれ。1995年東北工業大学工学部建築学科卒業、1997年日本大学大学院理工学研究科建築学専攻修士課程修了。佐々木睦朗構造計画研究所を経て2002年小西泰孝建築構造設計設立。2017年より現職。

辻琢磨（つじ・たくま）
建築設計、
403architecture [dajiba] 共同主宰
1986年静岡県生まれ。2010年横浜国立大学大学院建築都市スクールYGSA修了。2011年403architecture [dajiba] 設立。2017年辻琢磨建築企画事務所設立。現在、滋賀県立大学、大阪市立大学、武蔵野美術大学非常勤講師。おもな作品に《富塚の天井》など。著書に『建築で思考し、都市でつくる』（LIXIL出版、2017年）。

橋本健史（はしもと・たけし）
建築家、
403architecture [dajiba] 共同主宰
1984年兵庫県生まれ。2010年横浜国立大学大学院建築都市スクールY-GSA修了。2011年403architecture [dajiba] 設立。2014年より名城大学非常勤講師、2015年筑波大学非常勤講師。2017年橋本健史建築設計事務所設立。著書に『建築で思考し、都市でつくる』（LIXIL出版、2017年）。

羽鳥達也（はとり・たつや）
建築設計、日建設計設計部部長
1973年群馬県生まれ。1998年武蔵工業大学大学院工学研究科建築学専攻修士課程修了。東京都市大学、日本大学大学院非常勤講師、東京大学大学院外部講師。おもな作品に《神保町シアタービル》、《ソニーシティ大崎（現NBF大崎）》、《桐朋学園音楽部門調布キャンパス1号館》、《コープ共済プラザ》、《逃げ地図》など。

浜田晶則（はまだ・あきのり）
建築家
1984年富山県生まれ。2010年首都大学東京卒業。2012年東京大学大学院修士課程修了。2012年 Alex Knezo と studio_01 設立。2014年浜田晶則建築設計事務所設立。2014年より teamLab Architects パートナー。2014–16年日本大学非常勤講師。おもな作品に《綾瀬の基板工場》、著書に『マテリアライジング・デコーディング 情報と物質とそのあいだ』（共著、millegraph、2014）。

藤田雄介（ふじた・ゆうすけ）
建築家、Camp Design inc. 主宰
1981年兵庫県生まれ。2005年日本大学生産工学部建築工学科卒業、2007年東京都市大学大学院工学研究科修了。手塚建築研究所を経て、2010年より Camp Design inc. 主宰。明治大学兼任講師、東京電機大学非常勤講師。おもな作品に《花畑団地27号棟プロジェクト》、《芦花公園の住宅》など。

古森弘一（ふるもり・こういち）
古森弘一建築設計事務所代表
1972年福岡県生まれ。1998年明治大学理工学研究科博士前期課程修了。2003年古森弘一建築設計事務所設立。2010年より九州大学、九州工業大学非常勤講師。《九州工業大学製図室》で日本建築士会連合会奨励賞、《明圓寺納骨堂清淨殿》でJIA環境建築賞優秀賞、福岡県弁護士会館プロポーザル最優秀賞。

増田信吾（ますだ・しんご）
建築設計、増田信吾＋大坪克亘共同主宰
1982年東京都生まれ。2007年武蔵野美術大学卒業。同年、増田信吾＋大坪克亘設立。《躯体の窓》で AR Awards for Emerging Architecture 2014大賞。

松本直之（まつもと・なおゆき）
木質構造・構法、近代木造、
東京大学生産技術研究所助教
1986年兵庫県生まれ。2016年東京大学大学院工学系研究科建築学専攻博士課程修了。博士（工学）。2017年より現職。論文に『近代木造建築の壁構法と構造性能に関する研究 木摺漆喰壁の構成要素と水平力抵抗機構』（博士論文、2016年）。

――――

宮内義孝（みやうち・よしたか）
建築設計、B1D
1979年静岡県生まれ。2007年東京大学大学院工学研究科建築学専攻修士課程修了。2015年B1D設立。おもな仕事に《A邸》（赤坂惟史との共同設計）、《tomy》（大場徳一郎との共同設計）。

――――

連勇太朗（むらじ・ゆうたろう）
建築家、モクチン企画代表理事、
慶應義塾大学大学院特任助教、
横浜国立大学大学院客員助教
1987年神奈川県生まれ。2012年慶應義塾大学大学院修了。著書に『モクチンメソッド ―― 都市を変える木賃アパート改修戦略』（学芸出版社、2017年）。

柳井良文（やない・よしぶみ）
建築史、建築理論、建築情報学
1984年東京都生まれ。2015年東京大学大学院工学系研究科建築学専攻博士課程修了。博士（工学）。2017年より隈研吾建築都市設計事務所勤務。訳書に『小さなリズム ―― 人類学者による「隈研吾」論』（共訳、鹿島出版会、2016年）。

――――

和田隆介（わだ・りゅうすけ）
編集者
1984年静岡県生まれ。2010年千葉大学大学院工学研究科建築・都市科学専攻修了。2010－13年新建築社勤務。2013－14年東京大学学術支援専門職員。2015－17年京都工芸繊維大学特任専門職員。おもな編著書に『中国当代建築 ―― ねもはEXTRA』（フリックスタジオ、2014年）、『昭和住宅』（共著、エクスナレッジ、2014年）、『LOG/OUT magazine』（RAD、2015年より続刊）など。

内田祥哉　窓と建築ゼミナール
2017年10月15日　第1刷発行
2018年10月15日　第2刷発行

著者　内田祥哉
編者　門脇耕三＋藤原徹平＋戸田穣＋
　　　YKK AP窓研究所
発行者　坪内文生
発行所　鹿島出版会
　　　〒104-0028
　　　東京都中央区八重洲2-5-14
　　　電話 03-6202-5200
　　　振替 00160-2-180883
印刷　壮光舎印刷
製本　牧製本
造本　白井敬尚形成事務所

©Yositika UTIDA 2017, Printed in Japan
ISBN 978-4-306-04655-9 C3052

落丁・乱丁本はお取り替えいたします。

本書の無断複製（コピー）は著作権法上
での例外を除き禁じられています。
また、代行業者等に依頼してスキャンや
デジタル化することは、たとえ個人や
家庭内の利用を目的とする場合でも
著作権法違反です。

本書の内容に関するご意見・ご感想は
下記までお寄せ下さい。
URL: http://www.kajima-publishing.co.jp/
e-mail: info@kajima-publishing.co.jp

装幀帯、巻頭・巻末口絵、pp.180,186：神藤剛撮影
第1講　図14、図18、第2講　図2は出典元が不明です。
ご存知の方は弊社までお知らせください。
その他、特記なきものは内田祥哉所蔵